Lianella Livaldi-Laun

Liebesbeziehungen im Horoskop

Lianella Livaldi-Laun

Liebesbeziehungen im Horoskop

Ebertin Verlag
Freiburg im Breisgau

Die Deutsche Bibliothek – CIP-Einheitsaufnahme

Livaldi-Laun, Lianella:
Liebesbeziehungen im Horoskop / Lianella Livaldi-Laun. –
1. Aufl. – Freiburg im Breisgau : Ebertin, 1993
ISBN 3-87186-074-3

Mit 35 Horoskopabbildungen,
erstellt von Martin Garms

Aus einem italienischen Manuskript
übersetzt von Christine Ableidinger-Günther

1. Auflage 1993
ISBN 3–87186–074–3
© 1993 by Ebertin Verlag, Freiburg im Breisgau
Alle Rechte vorbehalten
Umschlag: WerbeService Wartenberg, Staufen
Satz: Jung Satzcentrum GmbH, Lahnau
Druck und Bindung: Ebner Ulm
Printed in Germany

Ich bedanke mich herzlich bei den Herren Sergio Allegrini und Daniele Pietrini und bei Frau Christel Ringwald für ihre wertvolle Hilfe.

Inhalt

Zweiter Teil

Partnervergleich 107

Dritter Teil

Das integrierte Horoskop 137

Vierter Teil

Die Beziehung zwischen Anais Nin und Henry Miller aus astrologischer Sicht 167

Vorwort

Die meisten Menschen, die einen Astrologen aufsuchen, tun dies, wenn ihnen Probleme am Herzen liegen, die ihr Gefühlsleben betreffen – sie erleben eine Beziehungskrise oder den Beginn einer neuen Liebe. Andere wieder sind des Alleinseins müde und möchten gern wissen, wie lange dieser Zustand noch dauern soll.

Ein großer Teil dieser Klienten erhofft sich vom Gespräch mit dem Astrologen viel mehr, als die Astrologie imstande ist zu enthüllen. Sie möchten mit einer Zauberformel nach Hause gehen, die ihnen zum Glücklichsein verhilft, oder sie erwarten vom Berater die Bestätigung, daß der Lebenspartner/die Lebenspartnerin ein Leben lang bei ihnen bleiben wird, daß sie die richtige und vom Schicksal gewollte Wahl getroffen haben. Nicht selten möchten Klienten den Astrologen auf mehr oder minder subtile Weise dazu bringen, die Verantwortung für ihre Entscheidungen zu übernehmen.

Die Astrologie kann aber auf manche Fragen keine präzisen Antworten geben: das Ende einer Liebe ist aus dem Horoskop ebensowenig ersichtlich, wie es möglich ist zu erfahren, ob eine eben mit großer Leidenschaft begonnene Liebesgeschichte einen Frühling oder ein ganzes Leben lang andauern wird.

Oft haben mir Freunde, Bekannte oder Klienten das Horoskop einer Person gezeigt, die sie vor kurzem kennengelernt hatten und hofften, ich könnte ihnen sagen, ob diese in sie verliebt sei, obwohl sie sich dahingehend noch nicht geäußert hatte oder sich nur physisch von ihnen angezogen fühle. Auch darauf konnte ich nie genaue Antworten geben, weil der Mechanismus, der Liebe zwischen zwei Menschen entstehen läßt, geheimnisvoll und undurchschaubar ist. Es bleibt weiterhin ein Geheimnis, warum zwischen zwei Menschen

Liebe entsteht, während bei zwei anderen Freundschaft erblüht, in ihren Horoskopen aber der gleiche Energieaustausch festzustellen ist wie beim ersten Paar. Das Phänomen des Sich-Verliebens kann nicht logisch erklärt werden. Der Grund für das Entstehen und Vergehen eines Gefühls wird uns auch von den Sternen nicht verraten.

Auch wenn die Sonne im Horoskop des einen Partners einen wunderschönen Aspekt mit der Venus des anderen Partners bildet, so muß das nicht heißen, daß die Energie der beiden Planeten in den Menschen Liebesgefühle wekken muß. Der Kontakt zwischen diesen beiden Energien weckt Zuneigung, die sich manchmal in Liebe (Venus als Göttin der Liebe), manchmal in Freundschaft (Venus als Göttin der Freundschaft) und manchmal auch nur in körperliche Anziehung (Venus als Mutter von Eros) wandeln kann.

Wir können den Moment des Verliebens annäherungsweise aus den Planetentransiten ersehen, können aber daraus keine absolute Wahrheit ableiten, weil die dabei ausgestrahlten Energien sich oft unterschiedlich darstellen. Jupiter im Transit zur Venus im Geburtshoroskop kann zum Beispiel natürlich Einfluß auf das Entstehen einer Liebesbeziehung haben, kann aber zu dieser Zeit auch Auslöser sein für verrückte Ausgaben oder die Entwicklung von künstlerischen und kreativen Fähigkeiten beeinflussen.

Derselbe Planet im Transit im 7. Haus (auch auf Venus) kann neue Freundschaften entstehen lassen oder uns anderen gegenüber offener werden lassen. Und es ist auch gar nicht sicher, daß ein Jupitertransit im Siebten Haus zur Eheschließung führt, während Saturn in diesem Feld zu Scheidung oder Trennung führen müßte. Ich habe oft erlebt, daß Jupiter sich im 7. Haus im Transit befand und der Horoskopeigner zu dieser Zeit gerade eine Scheidung oder Trennung vollzog. Dabei handelte es sich natürlich um eine Trennung, bei der alles optimal verlief, um eine Scheidung, bei der die beiden Partner die Möglichkeit fanden, sich zu entfalten und einen persönlichen Reifungsprozeß zu vollziehen – es begann ein neues und konstruktiveres Leben.

Bei anderen Gelegenheiten habe ich beobachtet, daß während eines Saturntransits im gleichen Haus der Horoskopeigner sich seiner Verantwortung besann und nach Jahren des Zusammenlebens die Beziehung legalisierte; oder daß jemand das Alleinleben satt hatte und sich entschloß, mit einem Partner zusammenzuleben.

Eine Liebesgeschichte kann sowohl unter dem wohlwollenden Blick Jupiters wie auch dem strengen Auge Saturns ihren Anfang nehmen, es ändert sich nur die Energie und die Art der Erfahrung. Eine Seminarteilnehmerin erzählte, sie habe die Energie Saturns immer anders erlebt als die anderen: Befand sich Saturn im Transit im 5. Haus, so habe sie sich bestens vergnügt, viele Liebhaber gehabt und das Leben spielerisch genommen. Als Saturn im Transit im 7. Haus war, habe sie geheiratet und ein ordentliches Leben begonnen!

Mit diesem Handbuch möchte ich auf Fragen antworten, die mir häufig von Schülern oder an der Astrologie Interessierten gestellt werden. Ich wende mich vor allem an jene, die sich bereits seit einiger Zeit mit dieser schönen Disziplin befassen und ausreichend Erfahrung im Interpretieren des Geburtshoroskops von Einzelpersonen haben, die jedoch noch keine umfassende Kenntnis der Dynamik eines Partnerhoroskops besitzen.

Im ersten Teil des Textes finden sich Konzepte wieder, die ich selbst entweder durch das Studium der Klientenhoroskope, durch Informationen seitens meiner Schüler oder durch Teilnahme an Seminaren und Kursen von Kollegen gewonnen habe. Es werden auch einige Faktoren besprochen, die die Auslegung der Einzelhoroskope der Partner betreffen, und ich werde darlegen, wie man zuerst getrennt die Psychologie der Partner erarbeitet, bevor man zum Vergleich der Geburtshoroskope gelangt und daraus Schlüsse über die Art der Beziehung entwickelt.

Der zweite Teil ist der Synastrie und dem Komposit (integriertes Horoskop) gewidmet.

Im dritten Teil erfolgt die Analyse der Beziehung eines berühmten Paares. Dabei werden alle Interpretationstechniken wieder aufgenommen, die im ersten Teil beschrieben worden sind.

Dieses Buch befaßt sich ausschließlich mit Liebesbeziehungen, auch wenn das gleiche Vorgehen natürlich auch für alle anderen Beziehungen zwischen Menschen gültig ist.

Erster Teil

Einführung

*»Der geliebte Mensch ist das Tor, durch
das die vom Ich bisher ausgesperrte Welt
einzufließen beginnt.«*[1]
(Peter Schellenbaum)

Ein griechischer Mythos erzählt, daß Aphrodite ein Verhältnis mit ihrem Bruder Hermes hatte und davon schwanger
wurde. Das Kind, das aus dieser Verbindung hervorging, erhielt den Namen Hermaphrodit. Das Neugeborene hatte
männliche und weibliche Geschlechtsorgane, war also ein an-
drogynes Wesen. Einer anderen Version des gleichen Mythos zufolge war das Kind jedoch bei seiner Geburt männlich
und wurde erst später, als Fünfzehnjähriger, ein Zwitter.
Damals verliebte sich eine Nymphe in ihn, wurde aber von
dem schüchternen Jüngling abgewiesen. Salmakis, so hieß
die Nymphe, gab sich aber nicht geschlagen. Eines Tages gelang es ihr tatsächlich, Hermaphrodit zu umarmen, zu küs-
sen und zärtlich zu liebkosen. Der Jüngling versuchte, sich
aus der ungewollten Umarmung zu befreien – die Nymphe
flehte in ihrer Verzweiflung zu den Göttern, sie sollten sie nie
mehr von ihm trennen. Ihr Wunsch fand Gehör – im gleichen Augenblick verschmolzen die beiden Körper zu einem.

Die Gestalt eines halb männlichen, halb weiblichen Wesens
als ersten von Gott geschaffenen Menschen finden wir in verschiedenen Schöpfungsmythen. Der Zwitter steht für die
Ganzheit, Vollkommenheit und göttliche Harmonie und
trägt in sich sowohl die schöpferische und geistige Kraft der

* Die hochstehenden Ziffern beziehen sich auf Anmerkungen, die am
Schluß des Buches ab Seite 200 zusammengefaßt sind.

Sonne als auch die rezeptiven und intuitiven Eigenschaften des Mondes.

Gottvater beschloß, ihn zu spalten – vielleicht fühlte er sich durch die Kraft und Stärke eines solchen Wesens bedroht –, und so entstanden der erste Mann und die erste Frau – zwei einander ergänzende, aber unvollkommene Wesen. Seither versuchen das Weibliche und das Männliche immer wieder, sich zu vereinigen. Jeder ist auf der Suche nach seiner anderen Hälfte und hofft so, den ursprünglichen Zustand der Vollkommenheit und Harmonie wiederzuerlangen.

Wenn wir verliebt sind und unsere Gefühle erwidert werden, empfinden wir in besonderer Weise, daß wir diese andere Hälfte von uns selbst wiedergefunden haben. Gemeinsam mit dem Objekt unserer Liebe fühlen wir uns vollkommen, unsterblich und Gott nahe.

Im Licht dieses Gefühls erscheint uns alles echter und lebendiger. Die geliebte Person ist für uns vollkommen. Im Zustand der Verliebtheit ist es unser einziger Wunsch, mit dem anderen zu verschmelzen, uns in ihm zu verlieren, um in dieser Symbiose die ursprüngliche Harmonie wieder zu erleben. Mit jeder neuen Liebe beginnen wir ein neues Leben, auch in körperlicher Hinsicht. Vielleicht ist es der Glanz in den Augen oder die besondere Pflege, die wir uns angedeihen lassen – wir sind verschönt, und unser Herz ist wieder jung. Streit und Uneinigkeiten bleiben auf die Dauer natürlich nicht aus, doch am Beginn, im Augenblick der Begegnung, fühlen wir uns ganz eins mit dem geliebten Menschen.

Vor einigen Jahren kam eine noch ledige Klientin mit einem sehr sonderbaren Anliegen zu mir: Sie wollte wissen, wie das Horoskop eines Menschen beschaffen sein müßte, der die sie ergänzende »andere Hälfte« verkörpern würde, und wie sie einen solchen Mann auf der astrologischen Ebene erkennen könnte. Sie bezog sich dabei auf den Mythos des Zwitters und seiner Spaltung. Ich erklärte ihr meine Ansicht zu diesem Thema:

Ich rate davon ab, diesen Mythos allzu wörtlich zu nehmen und zu meinen, es gäbe wirklich nur eine Person, einen kosmischen Partner, für den wir bestimmt sind. Im Laufe unserer Existenz können unterschiedliche kosmische Partner auftreten, mit denen wir in verschiedenen Lebensabschnitten unser»Schicksal« durchleben. Die Begegnung ist durch leidenschaftliche Ergriffenheit geprägt und durch das Gefühl, jemanden »wiedergefunden« zu haben.

Jede tiefe Beziehung – und davon gibt es in jedem Leben mehrere – ist ein weiterer Schritt zur Vervollkommnung und Selbsterkenntnis. Jedesmal können wir viel investieren, aufbauen oder lernen, auch von Menschen, die wir verlassen haben, weil sie nicht zu uns paßten. Wir haben auf jeden Fall etwas bekommen und Erfahrungen gemacht; der andere hat eine bestimmte Rolle in unserem Schicksal gespielt.

Wenn wir unser Horoskop mit dem des anderen vergleichen, so werden wir feststellen, daß auch dort Anziehungspunkte vorhanden waren und die Symbolsprache einiger Konstellationen des Partnervergleichs in Beziehung stand zu Themen, die in unserem gemeinsamen Leben eine große Bedeutung hatten.

Ich bin davon überzeugt, daß wir gerade in unseren Beziehungen mit unserem Karma in Berührung kommen, weil sich unsere Seele in der Begegnung mit anderen Menschen entfaltet und weiterentwickelt.

Oft liegt in der Mehrzahl und Unterschiedlichkeit der Liebesbeziehungen eine tiefere Bedeutung. Bei genauerer Betrachtung der Horoskope der verschiedenen Partner und dem Vergleich mit unserem eigenen entdecken wir sich wiederholende Konstellationen und Konfigurationen, symbolträchtige Erfahrungen, die auch in vorhergehenden Partnerschaften bereits gemacht wurden. Probleme, die wir mit einer bestimmten Person nicht lösen konnten, treten bei anderen wieder auf, bis wir schließlich reifer geworden sind und sie schließlich mit einem Partner bewältigen können, der vermutlich ähnliche Erfahrungen gemacht hat.

Beziehungsfähigkeit und Erwartungen an eine Partnerschaft

Die Astrologie ist eine ausgezeichnete Methode, die uns auf einer symbolischen Ebene die Erfahrungen erkennen läßt, die wir immer wieder machen und die typisch für unsere Beziehungen sind. Sie bringt uns in Kontakt mit den schlummernden oder nicht gelebten Seiten unseres Wesens, hilft uns, bewußter und authentischer zu leben, unsere Bedürfnisse und Ansprüche zu erkennen und zeigt uns, wie wir in Einklang mit uns selbst kommen können. Sie hilft uns auf dem Weg zur Selbstverwirklichung, denn sie weist uns auf unsere Grenzen, Blockierungen und Ängste hin.

Der Blick auf die Himmelskarte lehrt uns, zu welchem Verhalten wir in Liebesdingen neigen. Ob wir uns ernsthaft binden wollen oder eher leicht verlieben; ob wir Zeit brauchen, um ein tiefes Gefühl zu entwickeln oder ob wir eher »auf den ersten Blick« reagieren. Das Horoskop zeigt uns auch, wie wir unsere Gefühle zum Ausdruck bringen: schüchtern, mit Leidenschaft, romantisch oder vernünftig. Auch über unser Erleben von Erotik und Sexualität liefert es Informationen: Hingabe, Zögern, Scheu; sind wir sensible und einfallsreiche oder ungestüme Liebende – denken wir mehr an unser Vergnügen oder auch an die Lust des geliebten Menschen?

Horoskopeigner, bei denen Venus als Planet des Gefühlsbereichs und der Erotik in Verbindung zu Uranus oder im Zeichen Schütze steht, neigen dazu, sich auf den ersten Blick zu verlieben. Befindet sich Venus im Krebs, so lassen sich die Menschen gerne erobern, sind empfindsame Liebhaber und haben großes Verlangen nach Zärtlichkeit. Mit Venus im Aspekt zu Saturn oder in einem Erdzeichen ist man oft wählerisch in Gefühlsdingen. Liebe als Blitz aus heiterem Himmel kommt dann nicht in Frage. Häufig merkt man nach

Jahren ehrlicher Freundschaft mit einem Menschen, daß man in ihn verliebt ist. Wer Venus im Zeichen Waage hat, ist gefühlsbetont, aber kontrolliert in seinen Impulsen in Liebesangelegenheiten, während Horoskopeigner mit Venus in den Zwillingen übertriebene Zärtlichkeit nicht leiden können.

Durch die Betrachtung des Horoskops, vor allem der Venus und des 7. Hauses wird uns klar, welche Art von Beziehungen der Horoskopeigner anstrebt, wenn er verliebt ist. Wer viele erdbetonte Werte hat, unter anderem auch Venus in diesem Element oder Saturn im 7. Haus, der sucht eine dauerhafte und sichere Beziehung nach traditionellem Muster. Das Gegenteil ist der Fall, wenn sich Venus in den Zeichen Widder, Wassermann, Zwillinge, Schütze oder Uranus sich im 7. Haus befinden; dann verlangt der Mensch nach einer Beziehung, die auf beidseitiger Freiheit basiert, außerhalb der traditionell üblichen Formen.

Beim Vorherrschen von Feuerzeichen wird man sich von den Gefühlen leiten lassen. Wer die Entscheidung zur Heirat oder für eine feste Bindung trifft, tut dies aus Liebe, während Menschen mit Venus in den Zeichen Stier, Steinbock oder Jungfrau dabei auch die materielle Seite nicht vernachlässigen. Sie suchen Partnerschaften, die eine wirtschaftlich gesicherte Situation bieten und würden sich nie mit »Luft und Liebe« zufriedengeben. Bevor sie sich ernsthaft binden, versuchen sie, selbst materielle Sicherheit zu erreichen oder warten auf einen Menschen, der ihnen außer Liebe auch noch diese geben kann.

Steht Venus im Zeichen Fische oder im Aspekt zu Neptun, so heiratet man nur aus Liebe, und der Rest zählt nicht.

Aus dem Vergleich der Horoskope und dem Composit können wir die Übereinstimmungs- und Anziehungspunkte zwischen zwei Menschen erkennen und ebenso all das, was ihnen Konflikte, Unverständnis und Meinungsverschiedenheiten bringen wird. Wir können daraus ersehen, welche gemeinsamen Erfahrungen im Lauf ihrer Beziehung von Wichtigkeit sein werden und welche zu Enttäuschungen oder Trennung führen können.

Noch verborgene Fähigkeiten werden vielleicht ans Licht gebracht, und die Partner erhalten die Möglichkeit, sie gemeinsam zu entwickeln.

Im zweiten Teil dieses Buches werden wir uns genauer mit diesen beiden Methoden beschäftigen.

Die folgenden Beispiele sind sehr verschieden voneinander und sollen die unterschiedlichen Erwartungen illustrieren, die diese drei Menschen der Liebe gegenüber hegen:

1. Es erscheint offensichtlich, daß Antonia eine dauerhafte und gut strukturierte Beziehung sucht, eine Ehe nach traditionellem Muster, die ihr Sicherheit in jeder Hinsicht bietet. Antonia ist eine praktisch veranlagte und verständnisvolle Frau, sehr ihren Kindern und ihrem Mann zugewandt (Sonne und Venus im Steinbock, Mond in Konjunktion mit Saturn, Aszendent Krebs im Trigon mit dem Mond). Sie war viele Jahre mit dem Mann verheiratet, mit dem sie auch ihre erste ernsthafte Beziehung hatte. Sie nimmt dem geliebten Mann gegenüber gerne eine mütterliche und beschützende Haltung ein und war ihrem Mann in den gemeinsamen Jahren oft eine Stütze in schwierigen Situationen.

Vor etwa zwei Jahren, als Saturn sich im Transit durch das 7. Haus befand und Uranus und Neptun zuerst über die Radixvenus und dann über die Sonne in Konjunktion zum Deszendenten transitierten, verliebte sie sich in einen alten Freund der Familie, dem sie bereits über zehn Jahre freundschaftlich verbunden war. Diese Gefühle waren für Antonia nicht so sehr eine freudige Entdeckung als ein großes Problem. Sie war von Schuldgefühlen geplagt, fühlte sich verantwortlich für den Zerfall zweier Familien und versuchte, zu widerstehen und dieser Liebe zu entsagen. Nach viel Leid und mehreren Trennungs- und Wiederversöhnungsversuchen faßte sie den Entschluß, diese Beziehung wirklich zu leben. Heimlichtuerei aber lag ihr nicht, und so entschloß sie sich nach langem Zögern zu dem Schritt, der auch ihrem Geburtsbild entsprach: sie trennte sich von ihrem Mann und lebte mit ihrem neuen

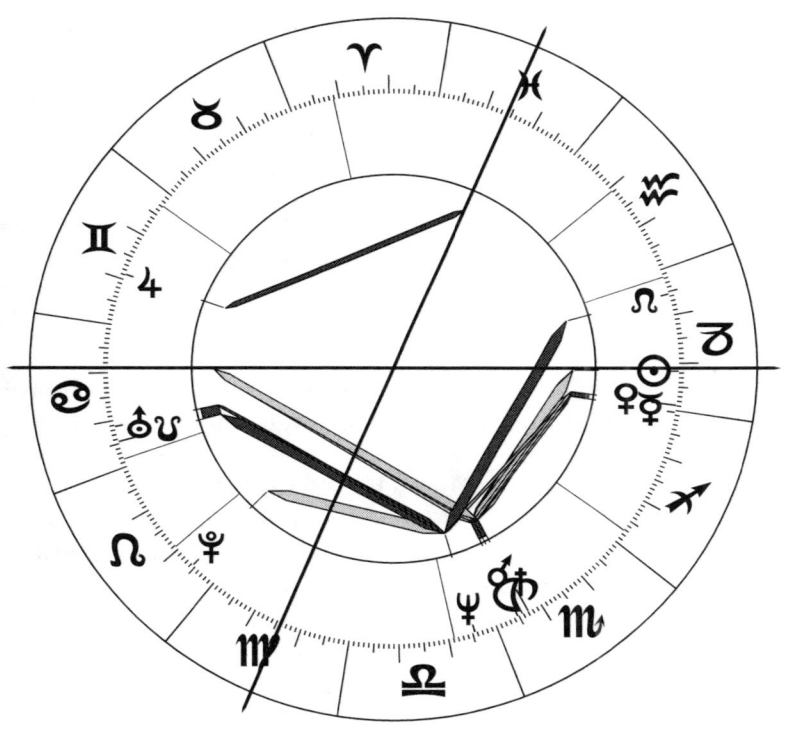

Radix

Antonia

Partner zusammen, mit dem sie eine feste und verläßliche Beziehung aufbaute.

Befinden sich in einem Horoskop viele Planeten im Erdzeichen und zusätzlich noch Venus in diesem Element, so muß dies nicht bedeuten, daß die Horoskopeigner sich niemals von ihrem Partner trennen werden, weil sie Sicherheit in der Liebe suchen. Solche Menschen können auch nach einer Trennung wieder eine Beziehung gleicher Art herstellen. Zweideutigkeiten und Heimlichkeiten liegen ihnen nicht, sie vermeiden unsichere und unklare Zustände. Deshalb werden sie nach Beendigung einer Beziehung versuchen, mit dem neuen Partner wieder auf traditionelle Weise zusammenzuleben, die ihnen auch Sicherheit bietet.

2. Ganz im Gegensatz zu Antonia sucht Franziska in einer Beziehung Freiheit und Unabhängigkeit. Ihr 7. Haus steht im Zeichen Wassermann und beherbergt keine Planeten. Uranus als Herrscher dieses Feldes steht in enger Konjunktion zum Aszendenten und übt einen deutlichen Einfluß auf ihren Charakter aus. Sie ist originell, spontan, vielseitig und unberechenbar und liebt ihre Bewegungsfreiheit und die Möglichkeit, ihren Launen und Einfällen nachzugehen (Uranus als Herrscher, Mond in Zwillinge im 11. Haus). Eine Beziehung nach traditionellem Muster, die sie in die Rolle der Hausfrau zwängen würde, wäre nicht für sie geeignet, da sie auch großen Wert auf ihre Selbstverwirklichung in der Arbeit legt (Mars im 10. Haus). So hatten sich die Konflikte mit ihrem früheren Mann auch darauf konzentriert, daß er sich wünschte, sie würde mehr hausfrauliche Neigungen zeigen. Seit dem Ende ihrer Ehe lebt Franziska allein und hat entschieden nicht die Absicht, die Erfahrung mit der Ehe nochmals zu machen. Ich meine jedoch, daß diese Frau nicht lange allein leben wird: Venus und Sonne im Zeichen Waage lassen ihre Horoskopeigner nach gefühlsmäßiger Bindung suchen. Menschen mit Planeten oder Aszendenten in Waage sind der Einsamkeit im Gefühlsbe-

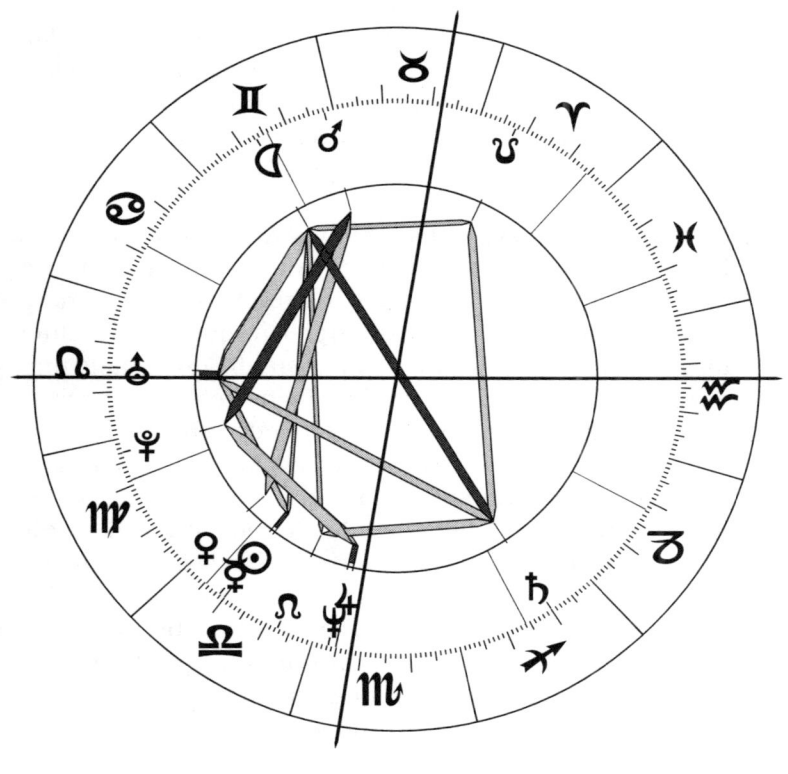

Radix
Franziska

reich nicht zugeneigt. Durch die Verbindung mit einem anderen gelangen sie zu innerer Harmonie. Im Falle Franziskas würde ich annehmen, daß sie für ihre zukünftigen Partnerschaften eine Heirat wahrscheinlich ausschließen wird (7. Haus im Wassermann, Uranus als Herrscher), daß es sich aber dennoch um wichtige und nicht nur unverbindliche Beziehungen handeln wird – natürlich in einer Weise, die ihr die nötige Bewegungsfreiheit, gleichzeitig aber auch ruhige und sichere Zuneigung bieten.

3. In Simons Horoskop steht Venus im 7. Haus im Krebs. Daraus können wir schließen, daß es sich um einen Mann handelt, der in seinen Liebesbeziehungen Vereinigung und Verschmelzung sucht, diese gleichzeitig aber fürchtet und davor flieht (Uranus steht ebenfalls im 7. Haus und der Mond im Wassermann). Zu seinem Gefühlsleben werden immer einander widersprechende Ansprüche und Wünsche gehören. Venus im Krebs, Mars in Fische und die Sonne in Konjunktion zu Pluto lassen ihn in der Liebe sehr intensive und tiefgehende Erlebnisse machen, die von Gefühlshaftigkeit, Hingabe und Zärtlichkeit gekennzeichnet sind. Mond in Wassermann, Mars in Fische in Opposition zu Merkur, Uranus im 7. Haus und die Sonne im Quadrat zu Saturn hindern ihn aber gleichzeitig an einer völligen Hingabe und machen ihn in Augenblicken zu großer Intimität reizbar und unstet.
Simon hatte bereits mit 22 Jahren eine um fünf Jahre ältere Frau geheiratet, die sehr mütterlich und beschützend, aber auch besitzergreifend war. Ihre Eifersucht war häufiger Anlaß für Streit. Nach einigen Ehejahren begann Simon die Last dieser Bindung zu spüren, die ihm Opfer abverlangte und ihn seiner Ansicht nach um seine schönsten Jugendjahre betrog. Im Alter von 29 Jahren, als Saturn im Transit zu seiner eigenen Radixstellung wiederkehrte, trennte er sich von seiner Frau. Jetzt lebt er allein, hat verschiedene kurze Beziehungen gehabt, und langsam wird das Bedürfnis nach einer festen Verbindung wieder spürbar.

Radix
Simon

Erfahrungen in der Kindheit und spätere Partnerwahl

Wenn wir uns an einen anderen Menschen binden, so ist dies nie ein zufälliges Geschehen. Der Grund, weshalb unsere Wahl gerade auf diese und keine andere Person fällt, bleibt uns verborgen. Mechanismen des Unbewußten lenken dabei unsere Entscheidungen. Unsere Seele weiß, welche Erfahrungen sie benötigt, um sich weiterentwickeln zu können, und führt uns zu Menschen, deren »psychisches Gepäck« (all das, was wir seit der Kindheit mit herumtragen) dem unseren ähnlich ist. Es ist allgemein bekannt, daß die Beziehungserfahrungen aus der frühen Kindheit im Erwachsenenalter in unseren Liebesbeziehungen wieder zum Vorschein kommen.

Wer als Kind nicht genügend Liebe, Zuwendung und Anerkennung erfahren hat, ist gleichsam dazu »bestimmt«, im Laufe seines Lebens auf Menschen zu treffen, mit denen er die gleichen Erfahrungen machen und die gleichen Situationen herstellen wird, in denen er nicht genügend emotionale Nahrung und Wärme bekommt oder diese selbst nicht ausreichend geben kann. Im Geburtshoroskop dieses Menschen werden wir wahrscheinlich Venus oder Mond in einem spannungsgeladenen Aspekt oder in Konjunktion zu den langsamen Planeten oder zu Saturn vorfinden. Bei seinen Partnern werden ähnliche Konstellationen vorhanden sein.

Als Beispiel zu diesem Thema möchte ich eine Untersuchung anführen, die ich selbst vor einigen Jahren gemacht habe[2], als gerade das Buch von Robin Norwood »Frauen, die zu sehr lieben« erschienen war.[3] Die amerikanische Psychologin arbeitet vor allem mit Frauen, deren Partner unfähig sind, zu lieben oder zu geben. Häufig handelt es sich dabei um Alkoholiker und Drogenabhängige. Die Frauen opfern dabei all ihre Kräfte, um ihre Partner zu unterstützen und ihnen zu helfen. Beim Lesen dieses Buches erinnerte ich mich an ähnliche Fälle von Frauen, die mich in meiner astrologischen Praxis aufgesucht hatten. Zum größten Teil waren ihre Horoskope stark wasserbetont oder hatten eine deutliche Neptun-, Pluto- oder Saturnbetonung aufzuweisen, und Venus oder Mond standen in Aspekt zu den erwähnten Planeten. Sowohl viele der Frauen im Buch von R. Norwood als auch aus meinem Archiv hatten als Gemeinsamkeit eine traurige Kindheit, litten innerlich an einem Mangel an emotionaler Sicherheit und stammen aus unsicheren Familienverhältnissen. Als Erwachsene leiden sie an mangelnder Selbstachtung, an Depressionen und starken Minderwertigkeitskomplexen, auch wenn sie in Schule und Berufsleben sehr erfolgreich sind. Bindung erleben sie als Symbiose und fürchten sich am meisten davor, verlassen zu werden. Deshalb nehmen sie auch Erniedrigung in Kauf und harren weiter aus. Viele Partnerinnen von Alkoholikern und Drogenabhängigen stammen aus Familien, in denen ein oder beide Elternteile süchtig waren. Die meisten fühlen sich unbewußt von Männern angezogen, die wie ihre Eltern instabile oder liebesunfähige Persönlichkeiten sind.

Beim Vergleich der Horoskope dieser Frauen mit denen ihrer Partner stieß ich auf Gemeinsamkeiten und ähnliche Konfigurationen. Hermann Meyer schreibt in »Astrologie und Psychologie«, daß spannungsgeladene Aspekte oder die Konjunktion Mond–Saturn »die alten Emotionen und verletzten Gefühle der Kindheit reproduzieren« und die Beziehungen den rechten Hintergrund für diese »Inszenierung« liefern[4]. Robin Norwood schreibt in ihrem Buch nur über Frauen, doch gilt dies natürlich ebenso für Männer, die von ihren Partnerinnen zu wenig Liebe und Zuwendung erhalten.

Folgender Fall ist ein gutes Beispiel:

Giovanni wurde von seiner Mutter aus einer bestimmten Absicht heraus geboren: er sollte es ihr ermöglichen, das Gefängnis zu verlassen und ihre Strafe daheim zu verbüßen. Die Anwälte hatten der wegen Diebstahls verurteilten Frau geraten, schwanger zu werden.

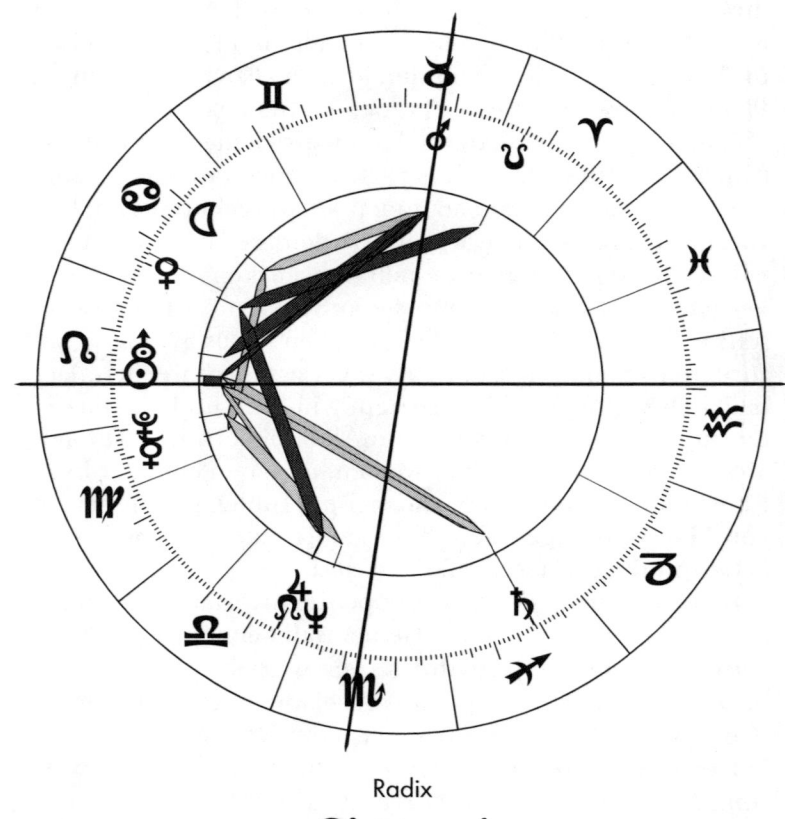

Radix

Giovanni

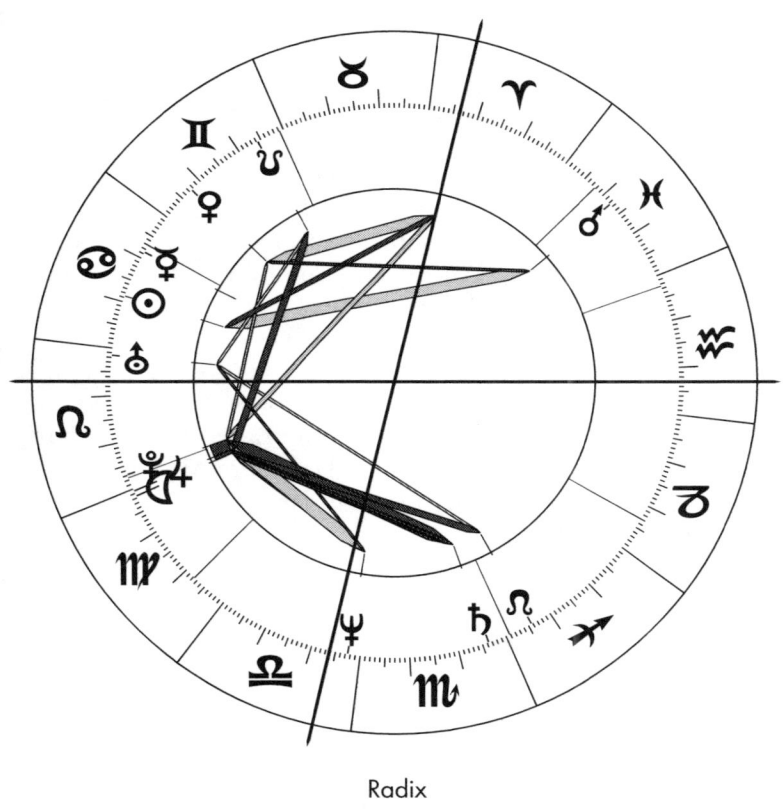

Radix

Lucia

Giovanni hat Venus in Krebs in spannungsgeladenem Aspekt zu Jupiter; der Mond steht ebenfalls in Krebs. Pluto, der Herrscher des 4. Hauses (Herkunft und Kindheit), steht im 1. Haus, dem Bereich der Identität, der auch zeigt, auf welche Weise der Eigner in diese Welt gekommen ist. Giovanni hat eine Frau geheiratet, die ihm nicht genügend Liebe und Achtung entgegenbringt. Die Heirat erfolgte, weil ein Kind unterwegs war; das Eheleben ist gekennzeichnet durch Spannungen und die Unduldsamkeit der Ehefrau. Auch sie hatte eine schwierige Kindheit – der Vater war Alkoholiker, die Mutter, von ihrer Arbeit und den Ehe- und Familienproblemen in Anspruch genommen, konnte dem Kind weder Wärme noch Liebe geben. Lucia hatte vor ihrer Heirat mehrere Beziehungen, deren Schemata sich fast immer wiederholten: Entweder verließ Lucia ihre Partner, weil sie sie nicht liebte, oder die von ihr geliebten und geachteten Männer verließen sie, um sich anderen Frauen zuzuwenden. Lucias Sonne steht in Krebs im 12. Haus, der Mond steht in Konjunktion zu Jupiter und Pluto und im Quadrat zu Saturn im 4. Haus.

Zwei weitere Beispiele sollen diese Problematik beleuchten:
Luana ist seit mehr als 25 Jahren mit einem Mann verheiratet, der sie schon immer betrogen hat und ihr keinerlei Achtung entgegenbringt. Dies war bereits zur Zeit der Verlobung so gewesen, und ihre Eltern hatten versucht, sie von der Heirat abzubringen, jedoch vergebens. Trotz allen Leides und Erniedrigungen gelingt es ihr nicht, ihren Mann zu verlassen. Sie leben unter dem gleichen Dach; er geht seinem Junggesellenleben nach, sie kümmert sich um den Haushalt, hat zwei Töchter großgezogen und besorgt die Verwaltung eines Unternehmens, das sie mit ihrem Mann zusammen führt. Luana beschrieb mir ihre Mutter als eine kalte Frau, die keine Gefühle zeigen konnte, und ihre Kindheit als ein schmerzvolles Warten auf ein Zeichen der Liebe von ihr.
Karin ist jünger als Luana, lebt aber in einer ähnlichen Situation. Auch ihr Mann hat seit der Verlobung noch andere Beziehungen; vor und nach der Heirat hatte er sich in an-

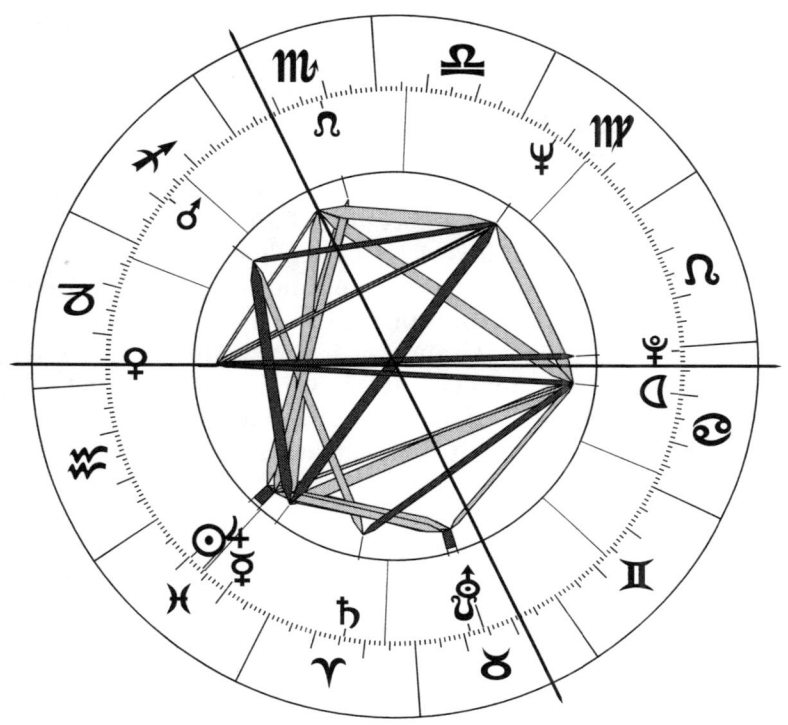

Radix

Luana

dere Frauen verliebt und Karin deshalb verlassen. Nach dem Ende dieser Verhältnisse kehrte er jeweils wieder zu ihr zurück, während sie immer darauf gewartet hatte, wieder mit ihm zusammenleben zu können. Luana ist im Zeichen der Fische geboren, ihr Mond steht in Krebs und in Quadrat zu Saturn, Pluto befindet sich im 7. Haus, das die Beziehungen symbolisiert. Karins Mond hingegen steht in Konjunktion zum Aszendenten und in Opposition zu Neptun am Deszendenten. Mond und Neptun bilden außerdem ein Quadrat zu Uranus und Jupiter, die beide im 4. Haus (Kindheit) stehen. Über ihre Kindheit ist mir nicht viel bekannt, doch glaube ich, daß bei ihren Eltern ähnliche Beziehungsmuster gegeben waren und Karin unter der Atmosphäre von Unsicherheit litt, die ihr Elternhaus prägte (Uranus im 4. Haus). Mir lag auch das Horoskop ihres Mannes vor, dessen verletzter Mond (in Opposition zu Pluto) darauf schließen läßt, daß auch seine Kindheit keine besonders glückliche war. Er litt als Kind an schlimmen Asthmaanfällen.

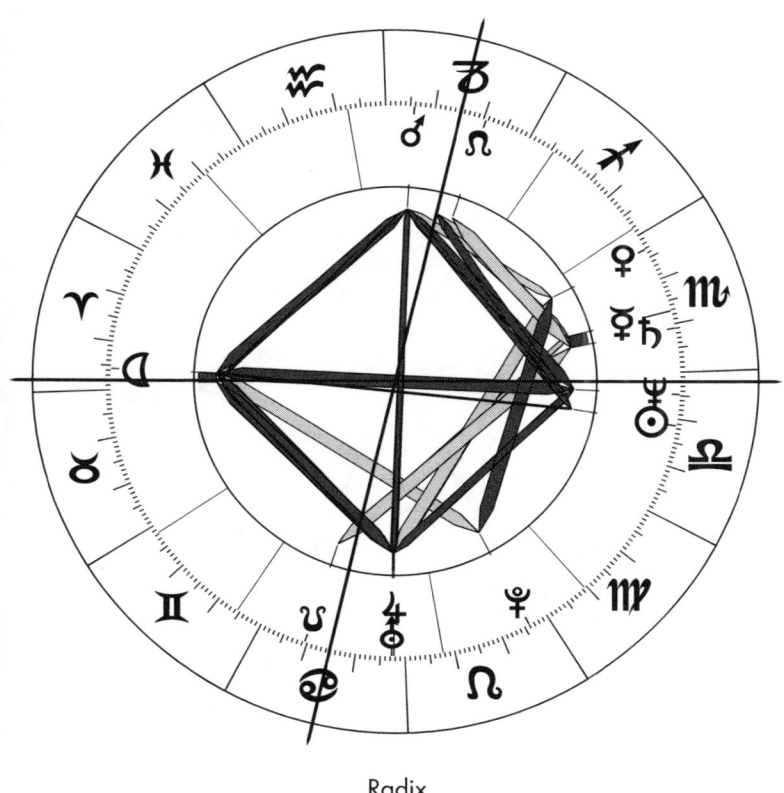

Radix

Karin

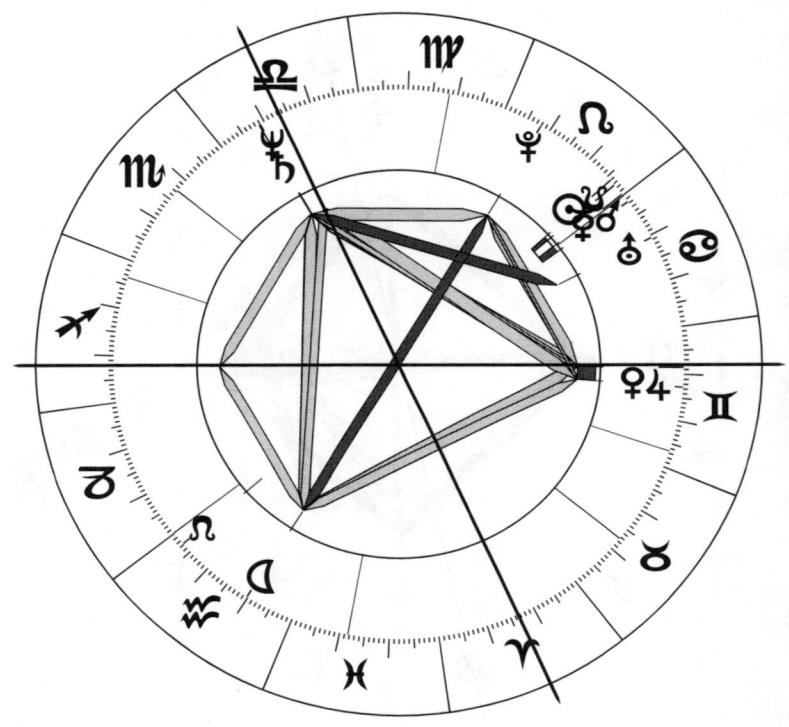

Radix

Karins Ehemann

Das familiäre Klima

Als Erwachsene erkennen wir im Zusammenleben oder in der Ehe mit unserem Partner, wie manche Elemente in unseren Beziehungen an Ereignisse und Situationen erinnern, die unsere Eltern erlebt haben. So manche Frau kommt dann zum Beispiel zu Erkenntnissen wie:»Als junges Mädchen habe ich immer wieder meine Mutter kritisiert, weil sie sich meinem Vater gegenüber nicht behaupten konnte; und jetzt habe ich einen Mann, der mich erdrückt und gegen den ich machtlos bin.«

Eine Freundin erzählte mir von ihrem Mann, daß dieser nach der Heirat sich möglichst schnell ein Kind wünschte, weil er bereits über dreißig Jahre alt war und nicht in zu reifem Alter Vater werden wollte (um es nicht seinen Eltern gleichzutun, die bei seiner Geburt schon 40 Jahre alt gewesen waren). Die erste Tochter wurde aber erst geboren, als er 37 war ...

Bei oberflächlicher Betrachtung könnte man diese Analogien für seltsame Zufälle halten. Wer den Ereignissen des Lebens gegenüber aber aufmerksamer und zur Innenschau fähig ist, der weiß, daß es Zufälle nicht gibt. Aus astrologischer Sicht bestätigen sich die Ähnlichkeiten im Schicksal von Eltern und Kindern in den entsprechenden Konstellationen und Konfigurationen ihrer Horoskope. Im Falle des Mannes, der so spät Vater wurde, handelt es sich um Wiederholungen von Positionen im Zeichen Steinbock: Die Mutter ist in diesem Zeichen geboren, und er hat seinen Aszendenten im Steinbock. Es ist anzunehmen, daß wir im Horoskop des Vaters persönliche Planeten oder den Aszendenten im Steinbock oder Sonne–Saturn-Aspekte finden würden.

Ich möchte nun einen sehr bedeutsamen Sachverhalt erläutern, mit dem ich in meinem Seminar konfrontiert wurde:

Es handelt sich dabei um die Wiederherstellung einer bestimmten astralen Energie, die während der Kindheit in der Ursprungsfamilie aufgenommen wird. Dieses Klima, das wir als Kinder erfahren haben und das für unser Elternhaus charakteristisch war, können wir als Erwachsene versuchen, mit unseren Partnern und innerhalb unserer eigenen Familie wiederherzustellen.

Das 4. Haus und der Mond stellen eine symbolische Verbindung zur Kindheit und der Familie dar, in der wir geboren und aufgewachsen sind; sie weisen auf die Erfahrungen und die Atmosphäre dieses Familienbereichs hin. Wenn wir die Beziehungen zwischen dem 4. und dem 7. Haus oder zwischen dem Mond und den Planeten im 7. Haus untersuchen, so können wir eine enge Verwandtschaft zwischen der Energie innerhalb der Familie und der von unseren Partnern ausgestrahlten Energie feststellen.

Ich nehme ein Beispiel aus meinem eigenen Horoskop:

Mein Mond steht in Konjunktion zu Neptun im Skorpion und nahe an der Spitze des 4. Hauses. Er bildet ein leichtes Quadrat zur Aszendent-Deszendent-Achse. Die Sonne steht dabei im Wassermann im 7. Haus und Mars im Schützen im 5. Haus (beide Planeten spiegeln den männlichen Archetyp und Partner wider, den wir uns wünschen).

Ich konnte nie begreifen, warum ich mich immer von Männern angezogen fühlte, deren Horoskope neben Schütze- und Löweplazierungen sehr starke Skorpion- und Plutobetonungen aufwiesen. In einem Seminar von Verena Bachmann und Claude Weiss zum Thema »Die Familienstruktur im Geburtshoroskop« erkannte ich den Grund.[5] Die beiden Astrologen vertraten die Ansicht, das 4. Haus und der Mond würden das Klima unserer Kindheit beschreiben. Sowohl meine Mutter als auch meine Großmutter väterlicherseits, die bei uns lebte und sich um meine Erziehung kümmerte, sind im Zeichen des Skorpions geboren. Die Großmutter mütterlicherseits, der Großvater und die beiden Tanten, die mir alle sehr nahe standen, hatten den Mond in diesem Zeichen. Als Kind war ich stark dem Einfluß dieses Zeichens ausgesetzt: die Erzählungen meiner Großmütter ängstigten mich oft. Die Mutter der einen war eines Morgens verschwunden, nachdem sie zum Milchholen gegangen war. Nie hat man wieder etwas von ihr gehört. Dieses Rätsel hat meine Verwandten jahrelang beschäftigt, und natürlich wurde darüber gesprochen. Der Vater der anderen Großmutter starb einen gewaltsamen Tod, als er in einen faschistischen Hinterhalt geriet. Solche Bluttaten färbten auf meine Phantasie ab. Mein Mond im Skorpion im 4. Haus hat viel dazu beigetragen, daß ich die dunkle Energie meines Elternhauses in mich aufnahm und mich zu manchen Zeiten meines Lebens mehr als Skorpion denn als Wassermann verhielt. Da der Mond einen − zwar nur schwachen − Aspekt zu meinem Deszendenten bildet, suchte ich als Erwachsene in meinen Beziehungen wieder nach dieser Art von Energie, die ich daheim so intensiv erlebt hatte.

Projektionen im Geburtshoroskop

Wie wir bereits gesehen haben, sind es in erster Linie nicht die Äußerlichkeiten, die wir an einem anderen Menschen anziehend finden, wie zum Beispiel die Gesten, der Blick, die Art, sich zu kleiden, sich auszudrücken oder zu lieben. Es sind vielmehr immer unbewußte Mechanismen im Spiel, wenn wir uns zu jemand hingezogen fühlen, und dies nicht nur im Bereich unserer engeren persönlichen Beziehungen. Manche Menschen gefallen uns bereits bei der ersten Begegnung, wir mögen alles an ihnen, bis hin zu ihrem Geruch. Andere wieder sind uns so unangenehm, daß wir auf ihren bloßen Anblick schon mit Gänsehaut reagieren.

Peter Niehenke spricht in seinen Seminaren von der »Resonanzfähigkeit« zwischen zwei Individuen.[6] Jeder ist für die Eigenschaften anderer empfänglich. Die Resonanzfähigkeit findet ihren astrologischen Ausdruck in der Anzahl der Aspekte, die zwischen den Planeten zweier Horoskope bestehen. Sie wird hervorgerufen durch das Aufeinandertreffen zweier Auren, die einander anziehen oder abstoßen. Aus diesem Phänomen entstehen Projektionen. Menschen neigen dazu, zweierlei zu projizieren:

1. Was uns anzieht und fasziniert, wir selbst aber nicht auszuleben fähig sind. Aus der Begegnung mit einem Menschen, der diese uns unbekannten oder in uns wenig entwickelten Eigenschaften verkörpert, entsteht Liebe.
2. Eigenschaften, die wir bewußt unterdrücken. Wir lehnen sie ab, weil sie von unserem Über-Ich negativ bewertet werden. Jedesmal, wenn wir uns über das Betragen eines anderen erregen und dabei heftige Emotionen frei werden, können wir sicher sein, daß wir gerade im Begriff sind, etwas zu projizieren.

Die Projektionen, die aus der Ablehnung bestimmter unbewußter Seiten in uns entstehen, kennen wir als Antipathie oder – im Extremfall – als Haß.

Jeder Mensch, der uns anzieht oder abstößt, rührt in unserer Psyche an etwas Verdrängtes, einen »Schatten-Bereich«, der nur darauf wartet, ans Licht zu kommen. Häufig sind es uns nicht bewußte Eigenschaften, die wir nur über andere Personen leben können. Es sind aber Elemente unserer eigenen Persönlichkeit, und wir sollten versuchen, sie bei uns selbst zur Entwicklung zu bringen. Manchmal sind es gerade andere Menschen, die uns den Weg dazu weisen. Eine Frau, deren Sonne entweder in Fische, Krebs oder Waage und in Konjunktion zu Mars steht und die ihre marsische Seite nicht bewußt auslebt, weil dies als unpassend oder wenig weiblich gilt, könnte durch einen Gefährten, eine Freundin oder eine andere ihr nahestehende Person, in deren Geburtshoroskop Mars ebenfalls dominant ist, lernen, entschiedener und willenskräftiger zu werden und ihren Sinn für die persönliche Freiheit zu verstärken.

In anderen Fällen, wenn die Projektionen auf passive Weise erfolgen, werden die Horoskopeigner mit der verdrängten astralen Energie auf zuweilen unangenehme Art konfrontiert und treffen immer wieder Menschen, die bestimmte Seiten stellvertretend für sie ausleben. Wenn es der Horoskopeignerin im obengenannten Beispiel nicht gelingt, Mars in ihre Persönlichkeit zu integrieren, wird sie sich an einen dominanten, übermächtigen oder unsensiblen Partner binden und so mit diesen negativen Marseigenschaften konfrontiert werden, gerade weil sie selbst diese Energie auf unbewußter Ebene für schlecht und schädlich hält und daher verdrängt.

Lidias Horoskop weist eine Opposition zwischen Sonne und Mars auf. Diese Konstellation ist in ihrem Radixhoroskop dominant, weil die Planeten zur Aszendenten-Deszendenten-Achse in Konjunktion stehen. Lidias Eltern sind Juden, sie ist in Israel aufgewachsen. Die Art, wie Frauen in dieser patriar-

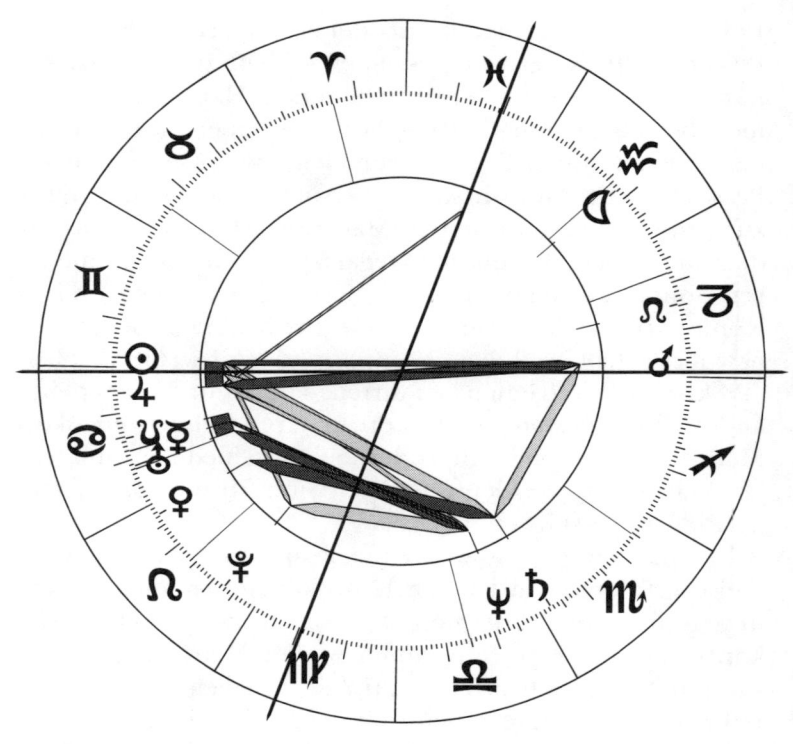

Radix
Lidia

chalen Gesellschaft behandelt wurden, erzeugte bereits in ihrer Kindheit eine tief sitzende Wut dem anderen Geschlecht gegenüber. Die Erfahrungen mit Männern in ihrer Jugend waren sehr schwierig; sie spiegelten das negative Bild wider, das Lidia in sich trug: Männer sind gewalttätig und autoritär. Lidia hat immer für ihre eigene Unabhängigkeit gekämpft und sich aus den Abhängigkeiten befreit, in die sie geraten war, doch ihre Meinung über Männer wurde immer schlechter – bis sie Paul traf. Bei ihm stehen die gleichen Planeten im Sextil zueinander, er lebt die eigene Männlichkeit auf eine positive Art, er ist nicht autoritär und nicht gewalttätig: Venus ist in seinem Geburtshoroskop dominant. Für Lidia ist Paul der einzige Mann, bei dem sie sich sicher und nicht bedroht fühlt, und seit sie ihm begegnet ist, hat ihr Zorn auf das männliche Geschlecht merklich abgenommen. In der Beziehung zu ihm hat sie auch gelernt, die Härte der Opposition in ihrem Horoskop zu mildern und, dank des Sextils zwischen Sonne und Mars ihres Partners, die Eigenschaften von Mars auch zu schätzen.

Sowohl Liebe als auch Haß wecken in uns heftige und packende Gefühle, die uns erfassen und gefangennehmen. Liebe zum Beispiel, auch wenn sie aus einer Projektion heraus entstanden ist, dürfen wir deshalb nicht abwertend beurteilen. Es ist und bleibt Liebe, dieser wunderbare Zustand, den wir alle kennen und nach dem wir uns sehnen. Ihn auf positive Weise zu erleben ist schwierig, aber nicht unmöglich. Unser Ziel ist es, wirklich und echt zu leben; jemanden als den zu schätzen, der er wirklich ist, ihn für das, was er uns spontan geben kann, zu lieben und unsere Fehler zu erkennen und anzunehmen, ohne uns gegenseitig unsere Unvollkommenheit vorzuwerfen.

Ein reifer Mensch sucht in seinem Partner nicht die Ergänzung oder Fortsetzung seiner selbst, sondern gibt sich und dem anderen die Möglichkeit zu Wachstum und innerem Fortschritt, um als Individuum die eigene Persönlichkeit weiterzuentwickeln und die verdrängten und projizierten Eigenschaften zur Entfaltung zu bringen. Dabei ist uns die

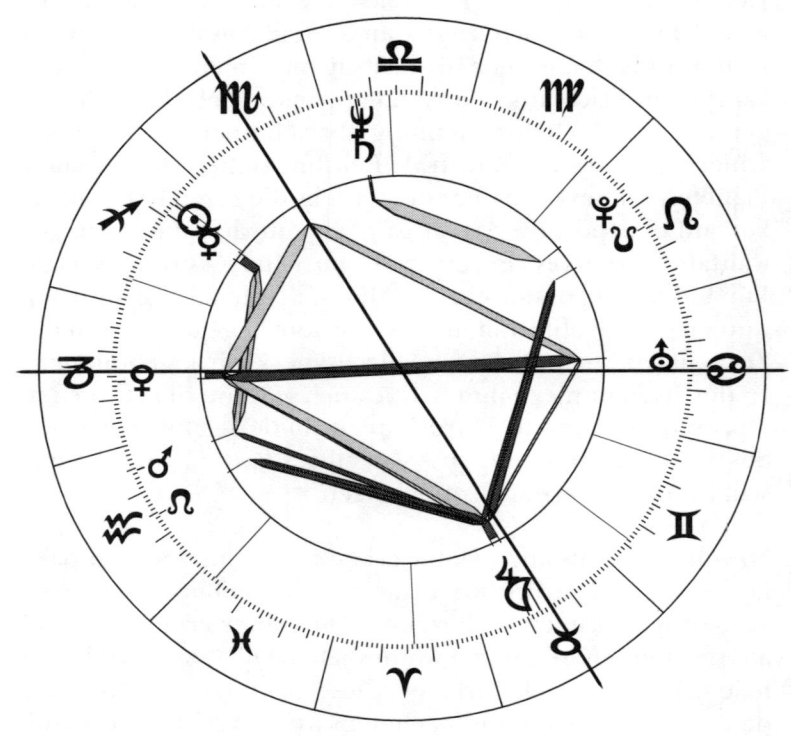

Radix

Paul

Astrologie eine große Hilfe. Sie zeigt uns, wie wir wirklich sein sollten und welche Eigenschaften wir noch nicht selbst leben. Im Geburtshoroskop gibt es einige Elemente, die gut für Projektionen geeignet sind, vor allem in Liebesbeziehungen:

1. Planeten, die für den Archetypen des idealen Partners stehen, den jeder in sich trägt: Mond und Venus stellen das Frauenbild im männlichen Horoskop dar; Sonne und Mars zeigen das Männerbild im weiblichen Horoskop.
2. Planeten im 7. Haus und ihre Konstellationen: Sie zeigen uns, welche Partner wir suchen und welche Art von Beziehung wir anstreben.
3. Das im Geburtshoroskop fehlende oder schwach vertretene Element.
4. Elemente, die im Horoskop gleich stark vertreten sind; eines davon ist vielleicht nicht in die Persönlichkeit integriert und wird daher projiziert.
5. Planeten, die Teil eines Spannungsaspektes sind.
6. Isolierte, unaspektierte Planeten.

1. Mond, Venus, Sonne, Mars

Werden die beiden Lichter, Sonne und Mond, im Einzelhoroskop zum Zwecke einer Partnerschaftsanalyse interpretiert, beschreiben sie uns den Typ des Menschen, mit dem wir gerne unser Leben teilen würden: Der Mond stellt für den Mann das Bild der Frau als Gefährtin und Mutter seiner Kinder dar und erinnert in mancher Hinsicht an die Gestalt der eigenen Mutter. Die Sonne repräsentiert im weiblichen Horoskop den Mann als Lebenspartner, mit dem man eine Familie gründen möchte und der auf einer unbewußten Ebene an den Vater erinnert.

Im männlichen und weiblichen Einzelhoroskop verkörpern Sonne und Mond jeweils die Archetypen des Vaters und Gefährten bzw. der Mutter und Gefährtin. Deshalb treffen wir im Laufe unseres Lebens oft auch auf Menschen, die einiges mit dem gegengeschlechtlichen Elternteil gemeinsam haben.

Steht der betreffende Himmelskörper im Aspekt zu anderen Planeten, kann man feststellen, daß Vater oder Mutter im Leben durch bestimmte Eigenschaften des Mondes oder der Sonne vertreten werden und die Lebenspartner durch andere Eigenschaften. Zur Verdeutlichung nehmen wir einmal an, daß in einem männlichen Horoskop der Mond im Stier steht und gleichzeitig in Opposition zu Merkur im Skorpion.

Es ist nun möglich, daß die Mutter des Horoskopeigners stierbetone Werte vertritt (Sonne, Aszendent, Mond), während die Freundinnen oder die Frau in ihren Geburtshoroskopen einen Aspekt zwischen Mond und Merkur haben oder Sonne, Mond oder Aszendent in einem von Merkur beherrschten Zeichen (Zwillinge oder Jungfrau) stehen oder eine Konjunktion dieser Planeten im Skorpion vorliegt.

Mutter und Partnerin können sehr verschieden voneinander sein, aus astrologischer Sicht geben sie beide die unterschiedlichen Seiten des gesamten Mondbildes des Horoskopeigners wieder.

Die Planeten Venus und Mars hingegen sind Symbole für die physischen Aspekte einer Liebesbeziehung:

Venus stellt für beide Geschlechter die Erotik dar, die Fähigkeit, in der Liebe zu geben und zu empfangen und Gefühle und Zuneigung in verschiedenster Form auszudrükken. Männer oder Frauen mit Venus in Steinbock können beispielsweise ihren Gefühlen nur dann Ausdruck geben, wenn sie sicher sind, nicht zurückgewiesen zu werden, denn sie leiden im emotionalen Bereich häufig an Minderwertigkeitsgefühlen und können Ablehnung nicht ertragen. Beide Geschlechter neigen dazu, auf eine Liebe zu verzichten, wenn sie darin zu sehr leiden oder die Beziehung nicht stabil genug ist.

Menschen mit Venus im Skorpion hingegen drücken ihre Zuneigung auch in leidvollen Beziehungen aus, weil sie sich von schwierigen Partnerschaften angezogen fühlen, in denen leidenschaftliche Auseinandersetzungen an der Tagesordnung sind.

Wer Venus im Stier hat, der liebt ohne Vorbehalte, ohne

Ängste, dessen Zuneigung ist und bleibt konstant, der kann Liebe geben und empfangen. Sein besitzergreifendes Wesen kann auf den Partner jedoch ermüdend oder gar erstickend wirken.

Mars verkörpert für beide Geschlechter die Sexualität, das körperliche Verlangen, die Fähigkeit zur Initiative, wenn es darum geht, die begehrte Person zu erobern. Horoskopeigner mit Mars im Wassermann haben keine sehr ausgeprägten sexuellen Bedürfnisse und leben Sexualität oft »kopfbetont«. In der Liebe ergreifen sie auf spielerische und spontane Weise die Initiative. Menschen mit Mars in der Jungfrau sind zu unsicher, um initiativ zu werden, wenn sie jemand begehren. Sie flüchten eher vor der geliebten Person oder geben sich kalt und distanziert. Ihre Unsicherheit macht sich auch auf sexuellem Gebiet bemerkbar; sie sind sehr zurückhaltend in ihrem Elan und wirken oft unbeteiligt.

Wer Mars im Widder hat, ergreift im Liebesgefecht immer als erster die Initiative. Fühlt sich ein solcher Horoskopeigner zu jemandem hingezogen, ist sein Begehren heftig, und er wird versuchen, sein Ziel so schnell wie möglich zu erreichen. Die Sexualität ist dann sehr stark ausgeprägt, doch wird beim Sexualakt oft zu schnell konsumiert und das Vorspiel vergessen.

Venus und Mars weisen auf Menschen hin, die uns sexuell und erotisch magnetisch anziehen, mit denen wir aber vielleicht keine Kinder haben oder unser Leben teilen wollen (Venus im männlichen Horoskop, Mars im weiblichen Horoskop).

Venus und Mond im weiblichen Horoskop entsprechen dem Bild, das die Frau von sich selbst als Mutter (Mond) und Liebende (Venus) hat. Sie sind die Planeten der Weiblichkeit und der Zuneigung und haben auf die Psyche der Frau größeren Einfluß als auf die des Mannes. Zwar verkörpern sie auch bei ihm stärker den Ausdruck der Gefühle, doch neigen die Männer stärker dazu, ihre weiblichen Seiten zu verdrängen und diese eher über ihre Partnerinnen zu leben. Auch wenn sie diese Seiten nicht verdrängen, fällt es ihnen doch schwerer, mit diesem verwundbaren Teil ihrer selbst Verbindung aufzunehmen. Die männlichen Prinzipien von Sonne und Mars sind in ihnen stärker wirksam.

Diese Planeten zeigen in einem männlichen Horoskop, wie der Betreffende seine Männlichkeit und Potenz (Mars) und seine männliche Identität (Sonne) erlebt.

Die Planetenpaare Sonne/Mars und Mond/Venus drücken verschiedene Werte aus und ergänzen einander. Deshalb sind auch die Geschlechter in ihrem Verhalten so unterschiedlich. Wenn wir genau auf das achten, was wir zu diesem Thema hören und lesen, so werden die Unterschiede offensichtlich: Frauen argumentieren mit dem Herzen, Männer mit dem Verstand; Frauen begehren, was sie lieben, Männer lieben, was sie begehren; Frauen suchen die Vereinigung von Körper und Seele, während Männer ihre Freiheit behalten wollen. Dies sind Gemeinplätze, die oft übertrieben wirken, doch steckt oftmals eine Wahrheit dahinter. In einer Zeit, in der die Geschlechterrollen immer häufiger vertauscht werden, scheinen sie nicht mehr aktuell, doch ist diese Entwicklung noch sehr jung: In den letzten Jahren haben die Frauen ihre von Sonne und Mars geprägten männlichen Seiten stärker entwickelt, und die Männer haben begonnen, sich ihren von Mond und Venus gekennzeichneten weiblichen Eigenschaften anzunähern.

Ein gutes Beispiel für dieses Phänomen ist die Gestalt des »neuen Vaters«, der bei der Geburt seines Kindes anwesend ist und später mit Liebe und Hingabe die Kinder betreut, während seine Partnerin arbeitet; der sich dafür entscheidet, eine Zeitlang daheim zu bleiben und Hausmann zu sein. Meine Mutter erzählte mir, daß in den fünfziger Jahren, als ich klein war, ein Mann keinesfalls allein das Haus verlassen und den Kinderwagen geschoben hätte – das war eben Frauensache.

Aber auch damals konnte man keineswegs verallgemeinern, daß alle Frauen gefühlvoll seien, aber unfähig, in männlichen Aktivitäten zurechtzukommen, und alle Männer gefühllos, aber beruflich aktiver. Jeder Mann hat Venus und Mond und jede Frau hat Sonne und Mars im Horoskop. Das

Ausleben der Eigenschaften, die dem Planeten des anderen Geschlechts zugeordnet werden, ist jedoch in der Tat schwieriger. Dies ist auch von der Erziehung abhängig: Mädchen durften immer schon ihren Gefühlen Ausdruck geben, weinen, sich schwach und ängstlich zeigen, während dies Jungen oft verboten wird. Zwar mögen die Eltern inzwischen häufiger fortschrittlicher und diesen Problemen gegenüber aufgeschlossen sein und ihrem Sohn beispielsweise eigene Schwächen und Ängste zugestehen, doch hat auch das soziale Umfeld, in dem ein Junge sich bewähren muß, seine Wirkung: Schul- und Spielkameraden, etwas konservativere Lehrer, die es ihm untersagen, sich ganz seinem Charakter entsprechend auszudrücken. Ein Mann lernt schnell, die verletzlichen Seiten seiner Persönlichkeit zu verbergen.

Auch Freundschaft wird anders erlebt: Frauen haben schon seit der frühen Kindheit eine oder mehrere Herzensfreundinnen, mit denen sie über ihre Gefühle sprechen können und denen sie ihre Geheimnisse anvertrauen.

Jungen hingegen treffen sich, um sich zu vergleichen, herauszufordern, etwas miteinander zu »machen«. Auch als Erwachsene gehen sie mit ihren Freunden zum Tennisspielen, Fischen und so weiter. Sie vertrauen einander selten ihre Gefühle an, ihre Beziehungen sind eher kameradschaftlich.

Zur Freundschaft zwischen den Geschlechtern möchte ich an dieser Stelle noch etwas sagen:

Viele Frauen sind der Ansicht, daß Freundschaft mit Männern für sie ohne sexuelle Komplikationen möglich sei (Venus als Prinzip der Freundschaft); der Großteil der Männer (vor allem in den südlichen Ländern) behauptet dagegen, diese Form der Freundschaft sei nicht möglich und die sexuelle Komponente (Mars) würde früher oder später spürbar werden, Schwierigkeiten und Mißverständnisse herbeiführen und damit die Freundschaft unterminieren.

Der Unterschied zwischen dem, was Venus und was Mars ausdrücken, läßt sich gut an der Sexualität erkennen: Venus verkörpert die weibliche Erotik, das Gefühl, das im körperlichen Liebesakt zum Ausdruck kommt, während Mars als Symbol der männlichen Sexualität dem Begehren Ausdruck verleiht und dieses im Geschlechtsakt dadurch befriedigt, daß er ihm freien Lauf läßt. So wird eine Frau nur selten mit einem Partner schlafen, der ihr nichts bedeutet. Wenn sie sich hingibt, dann, weil sie mehr als nur körperliche Anziehung spürt; auch wenn sie einmal etwas »Verbotenes« tun will und sich auf eine rein sexuelle Beziehung einläßt, werden die Gefühle nicht auf sich warten lassen, sie wird also mehr als nur körperlich beteiligt sein. Viele Männer hingegen sagen von sich, daß sie Sexualität und Gefühle trennen und mit einer Frau schlafen können, die sie zwar körperlich begehren, aber nicht lieben.

Wenn wir nun aber die Bilder eines Horoskops untersuchen, die auf einen möglichen Partner projiziert werden können, müssen wir uns vergegenwärtigen, daß die Paare Sonne–Mars und Mond–Venus nicht immer im gleichen Zeichen oder in miteinander harmonierenden Zeichen stehen, sondern oft auch in nicht verwandten oder kontrastierenden Zeichen stehen oder sogar Spannungsaspekte zueinander bilden. In solchen Fällen erleben die Eigner diese Planetenenergien auf konflikthafte Weise und richten ihr sexuelles Verlangen auf Personen, die sehr unterschiedlich voneinander sind. Es fällt ihnen schwer, einen Partner zu finden, der so widersprüchlichen Erwartungen gerecht werden kann.

Sie können sich physisch angezogen fühlen von Menschen, mit denen sie ihr Leben nicht teilen wollen, und sich an andere binden, für die sie körperlich nichts empfinden. In ihren Liebesbeziehungen bleibt oft eine leichte Unzufriedenheit zurück, die sie zu einer ständigen Suche nach dem idealen Partner antreibt, weshalb sie öfter ihre Partner wechseln. Folgendes Beispiel verdeutlicht diesen Konflikt:

Carla, eine junge und sehr attraktive Frau, lebt alleine mit ihrer fünfjährigen Tochter, deren Vater verheiratet und zehn Jahre älter ist als Carla. Zwar hatte der Mann ihr versprochen, sich scheiden zu lassen und ihr Verhältnis zu legalisieren, doch wurde dieses Versprechen nie gehalten. Während der Schwangerschaft und bis zur Geburt des Kindes lebten die beiden zusammen; als das Kind wenige Monate

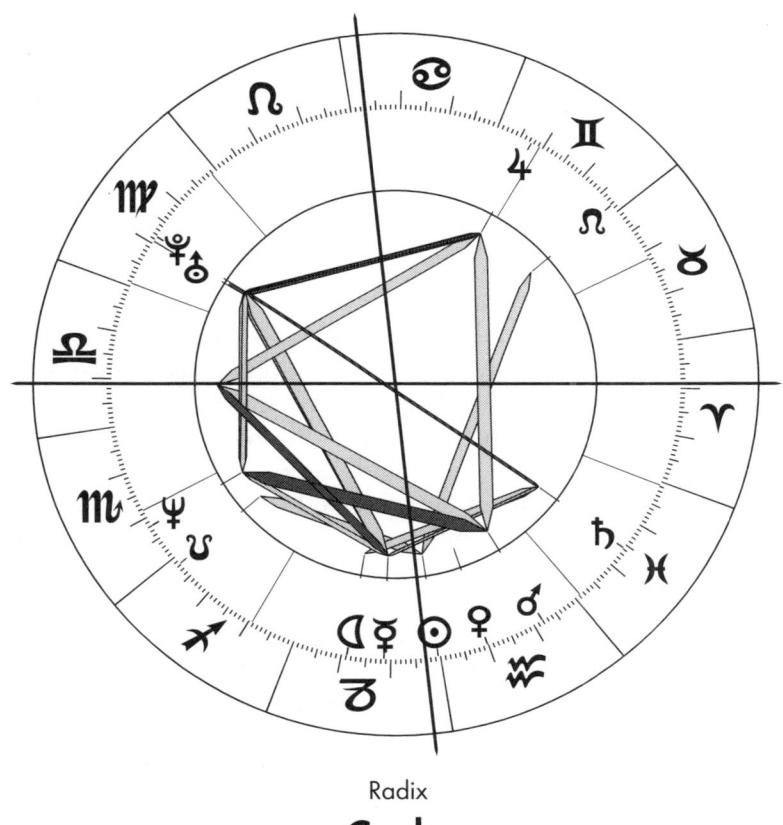

Radix

Carla

alt war, kehrte der Mann zu seiner Frau und seinen beiden Töchtern zurück. Das Verhältnis zu Carla dauerte aber an. Anfangs war Carla von der Keckheit, dem Schwung und dem Draufgängertum des Mannes fasziniert gewesen, im Laufe der Zeit konnte sie aber seine wirkliche und gar nicht so sympathische Natur erkennen. Er erwies sich als Mensch, der unfähig ist, Entscheidungen zu treffen, auf beruflichem wie auf privatem Gebiet, und seine vielen Ideen führten zu nichts Konkretem.

Nach drei Jahren war Carla imstande, die Beziehung zu beenden, da sie ihr keinerlei Sicherheit bot.

Sobald sie wieder allein war, wurde sie an ihrem neuen Arbeitsplatz sehr von ihren Kollegen umworben, und sie wandte sich einem von ihnen zu, der sehr attraktiv und etwas jünger war als sie. Seine Familiensituation entsprach genau der ihres vorhergehenden Partners – er war ebenfalls verheiratet. Carla erkannte die Falle und wollte als Steinbockgeborene keine Risiken mehr eingehen. Sie zog sich deshalb rechtzeitig zurück, bevor eine tiefere Beziehung entstand.

Mit Sonne und Mond im Steinbock wünscht sie sich einen Menschen in einer gesicherten finanziellen Lage, mit einem guten sozialen Status; eine ernsthafte vertrauenswürdige und etwas väterliche Person, die mit beiden Beinen auf der Erde steht, nichts für unklare Situationen übrig hat und die bereit ist, Verantwortung zu übernehmen. Mars jedoch steht im Zeichen des Wassermanns und im Quadrat zu Neptun. Dies läßt Carla Gefallen finden an außergewöhnlichen, phantasievollen Männern, die aber gerne Alltag und Routine zu vermeiden suchen und häufig dazu imstande sind, zwei Beziehungen gleichzeitig zu führen. Der Vater von Carlas Kind ist Wassermann mit Sonne in Opposition zu Uranus und im Quadrat zu Neptun. Carla erlebt jetzt diesen Konflikt bewußter als früher und hat beschlossen, keine Beziehung mehr einzugehen, die ihrer Ansicht nach doch nicht die richtige ist. Sie wartet lieber darauf, einem Menschen zu begegnen, der ihr die Sicherheit und Zuverlässigkeit geben kann, die sie braucht, und mit dem sie Neues entdecken und ein wenig außerhalb der üblichen Normen leben kann.

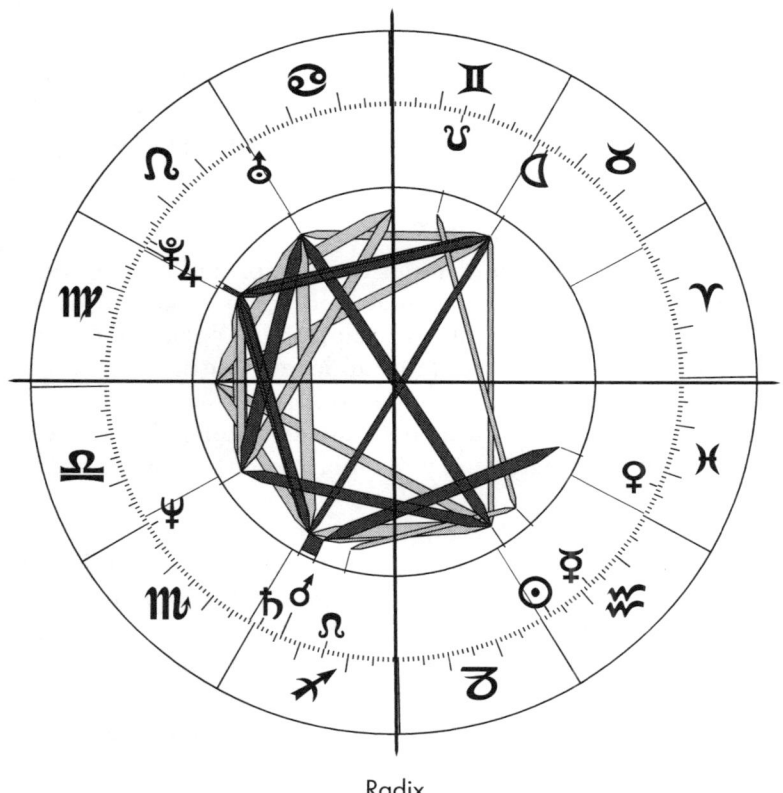

Radix

Ex-Partner von Carla

Der männliche Archetyp im weiblichen Horsokop

Sonne oder Mars im Widder
Die Wahl der Horoskopeignerin wird auf einen sehr männlichen Mann fallen, den die schwierige Eroberung reizt und der in der Liebe die Vorherrschaft und die Kraftprobe sucht. Er ist ein dynamischer und impulsiver Mann von athletischem Körperbau. Seine Persönlichkeit zeichnet sich durch starkes Unabhängigkeitsstreben aus.

Sonne oder Mars im Stier
Bei dieser Konstellation findet ein Mann den Vorzug, der konkrete Garantien, Sicherheit und menschliche Wärme bietet. Er liebt die Natur und die einfachen Dinge und ist unkompliziert. Er ist treu und imstande, mit Ausdauer zu warten, wenn er liebt. Im sexuellen Bereich ist er sinnlich, männlich, aber zärtlich. Seine konservative Haltung drückt sich auch in seiner Vorstellung von einer Zweierbeziehung aus.

Sonne oder Mars in den Zwillingen
Hier geht es um den gesprächigen Intellektuellen mit intelligentem Gesicht und lebhaften Augen. Er wirkt jugendlich und spielt gern. Er übernimmt nicht gerne Verantwortung. In der Liebe ist er neugierig und erlebt Sexualität über den Kopf. Oft wird das Begehren durch irgendeine Besonderheit geweckt. Er ist ein Partner, mit dem man sich nie langweilt.

Sonne oder Mars im Krebs
Eine solche Frau sucht nach einem sensiblen und poetischen Mann. Ein im Krebs geborener Bekannter erzählte mir, er wünsche sich so sehr, einmal von einer Frau Blumen geschenkt zu bekommen.
Er ist träge und bequem, geht nicht gerne aus oder unternimmt etwas, sondern zieht die Intimität seines Hauses, die Wärme seines Bettes allen Empfängen und Parties vor. Er ist gerne von lieben Menschen, Verwandten und Freunden umgeben und ist ein liebevoller und »mütterlicher« Vater.

Sonne oder Mars im Löwen

Dieser Archetyp entspricht dem feurigen »latin lover«. Er ist der Jäger, der seine Beute mit teuren Geschenken überschüttet und, falls nötig, auch unter ihrem Balkon eine Serenade singen würde. Er zeichnet sich durch Ehrlichkeit und Loyalität aus, doch ist er auch sehr besitzergreifend, will dominieren und verlangt von seiner Partnerin ständige Aufmerksamkeit.

Sonne oder Mars in der Jungfrau

Diese Konstellation entspricht einem zurückhaltenden, etwas schüchternen Mann, der seine Zuneigung nicht mit großen Gesten zeigt, sondern indem er zärtlich, aufmerksam und verfügbar ist. Er ist kein Verführer und wirkt in der Liebe eher kontrolliert. Auf erotischer Ebene sucht er die Sicherheit einer vertrauensvollen Beziehung. Auch im Bett ist er ein Gewohnheitsmensch.

Sonne oder Mars in der Waage

Dieser Typ von Mann besitzt Ausstrahlung und »Savoir faire«. Er hat einen erlesenen Geschmack und liebt alles, was schön ist. In der Liebe kann er eine zärtliche und romantische Atmosphäre schaffen. Mehr als die Leidenschaft sucht er die Zärtlichkeit. Er gerät nie aus dem Gleichgewicht und haßt Aggressivität und Gemeinheiten.

Sonne oder Mars im Skorpion

Dies ist das Bild eines Mannes von glühender Leidenschaft. Er liebt die explosive Sexualität und strahlt Erotik aus. Er kann zum Sklaven einer erotischen Leidenschaft werden und verwechselt diese oft mit Liebe. In seinen Beziehungen sucht er starke und überwältigende Empfindungen. Er ist der Typ des geheimnisvollen Schönen, der seine Karten nie ganz aufdeckt. In seinem Innern verschließt er oft quälende Spannungen.

Sonne oder Mars im Schützen

Es geht um den naiven, großzügigen und gutmütigen Mann,

der Freiheit und Vertrauen braucht. Tausend Dinge ziehen ihn an, er gibt gerne Versuchungen nach und hat daher meist viele erotische Abenteuer. Er gibt sich auch gern als Lehrmeister, als Weiser, und bringt seiner Partnerin auch im Bett gern Neues bei. Er liebt Abenteuer, ist immer bereit, seine Koffer zu packen und zur Entdeckung neuer Welten aufzubrechen. Viele Menschen mit dieser Konstellation haben wie Peter Pan Schwierigkeiten, erwachsen zu werden und flattern bis ins fortgeschrittene Alter von Blüte zu Blüte.

Sonne oder Mars im Steinbock

Dies ist der Typ des verläßlichen, vertrauenswürdigen Partners. Als Jugendlicher wirkt er ernster und reifer als seine Altersgenossen. Er ist klug, liebt ernsthafte Diskussionen und das Engagement für bestimmte Themen. Er kann Oberflächlichkeit und überflüssiges Gerede nicht leiden. In der Liebe verhält er sich oft wie ein strenger Vater und übernimmt seiner Partnerin gegenüber die Führungsrolle. Im sexuellen Bereich ist er beherrscht und manchmal puritanisch, doch wenn er sich etwas gehenläßt, wird er zum leidenschaftlichen und anspruchsvollen Liebhaber.

Sonne oder Mars im Wassermann

Eine Frau mit dieser Konstellation sucht nach einem unterhaltsamen, originellen Partner, dem Konvention und Monotonie zuwider sind. Er braucht Freiheit und Spielraum. Seine Ideen sind manchmal verrückt, extravagant oder ungewöhnlich. Seine Originalität bleibt auch in höherem Alter erhalten. Er haßt Eifersucht und gewährt seiner Partnerin so viel Freiheit, wie er auch selbst benötigt. Er ist weder sinnlich noch leidenschaftlich und sexuell ein wenig kalt. Er kann auch längere Zeit ohne Sexualität auskommen, wenn er geistig mit tausend Gedanken und Ideen beschäftigt ist, entflammt aber sofort, wenn sich ungewöhnliche und stimulierende Situationen ergeben. Er experimentiert gern mit neuen Formen der Erotik.

Sonne oder Mars in den Fischen
Die Horoskopeignerin sucht nach einem zärtlichen Mann
mit geradezu weiblicher Sensibilität. Er ist ein einfallsreicher,
zärtlicher und verletzlicher Liebhaber. Er ist ein Künstler,
der sich durch Musik und Poesie auszudrücken weiß, und
sein Charakter ist kompliziert und unbeständig. Dies macht
ihn schwer faßbar. Häufig ist er unfähig, Entscheidungen zu
treffen oder längerfristige Verpflichtungen zu übernehmen,
auch im Hinblick auf sein Gefühlsleben.

Der weibliche Archetyp im männlichen Horoskop

Mond oder Venus im Widder
Der Horoskopeigner fühlt sich von einer aktiven und unabhängigen Frau angezogen, die sich spontan und direkt ausdrückt, das Leben in der Natur liebt, mutig und risikofreudig
ist und sich gerne mit anderen mißt. Sie ist die ideale Gefährtin für jedes Abenteuer und findet es überhaupt nicht reizvoll, ihr Leben vor Kochtöpfen zu verbringen oder eine
Schar Kinder an ihren Röcken hängen zu haben. Sie braucht
die Verwirklichung außerhalb des Familienlebens. Sie hat
eine sportliche Figur, trägt am liebsten Jeans, Tennisschuhe
und bequeme oder männlich geschnittene Kleider.

Mond oder Venus im Stier
Eine sinnliche und genießerische, in jeder Hinsicht großzügige Gefährtin. Sie gibt sich gerne und genüßlich sinnlichen
Freuden hin, läßt sich verwöhnen und streicheln. Sie ver-
strömt immer einen angenehmen Geruch und pflegt ihren
Körper sehr, auch in ästhetischer Hinsicht. Ihr Körper
strahlt eine warme und einladende Weiblichkeit aus, ist üp-
pig und hat eine weiche Haut. Sie widmet sich gern der Familie, auch wenn sie dafür ihre eigene Arbeit aufgeben muß,
erlebt Mutterschaft und Stillzeit mit freudiger Hingabe und
ist eine geduldige Partnerin und Mutter. Sie ist praktisch ver-
anlagt und eine gute Verwalterin der gemeinsamen Finan-
zen. Von beständiger und treuer Natur, liegen ihre Schwä-

chen in ihrem besitzergreifenden und eifersüchtigen Naturell.

Die Schauspielerin Senta Berger verkörpert für mich die typisch stierbetonte Schönheit: wohlgeformter, weicher Körper, voller, sinnlicher Mund und honigfarbene Haut.

Mond oder Venus in den Zwillingen

Dieser Frauentyp ist lebhaft, keck und schelmisch und erhält sich seine Frische bis ins späte Alter. Eine neugierige, intelligente und wendige Person, die körperliche und geistige Freiheiten liebt. Sie ist weder leidenschaftlich noch sentimental, eher verstandesbetont. Ihre Figur ist schlank und jugendlich, ihre Kleidung modern und lässig.

Audrey Hepburn ist in dem Film »Sabrina« die geradezu ideale Verkörperung dieses Archetyps: jungenhaft und jugendlich, mit lebhaften und leuchtenden Augen.

Mond oder Venus im Krebs

Das weibliche Ideal des Horoskopeigners ist sehr weiblich und mütterlich-beschützend. Eine solche Frau träumt schon im jugendlichen Alter davon, einmal eine Familie zu gründen und sich liebevoll den Kindern und dem Haushalt zu widmen. Ihr Haus ist einladend gestaltet, wie ein warmes Nest. Sie ist hochsensibel und oft launenhaft, aber auch phantasievoll und häufig musikalisch und künstlerisch begabt. Sie liebt nicht so sehr leidenschaftlich, sondern kümmert sich mütterlich um den Partner. Sie hat weiche Formen mit ausgeprägten Hüften und Brüsten, ihre Haut ist hell und zart.

Die Frauen in den Gemälden der Renaissance mit ihren opulenten weiblichen Formen und der fast durchsichtigen Haut regen die Phantasie der Männer an, die diese Konstellation im Horoskop aufweisen.

Mond oder Venus im Löwen

Eine Frau mit königlich-würdevoller Haltung, die leidenschaftlich und aufrichtig liebt. Sie kleidet sich gerne auffällig, in lebhaften Farben, trägt gerne Schmuck und legte beson-

deren Wert auf die Pflege ihres Haares, das sie gerne in Lok-
ken trägt (dabei kann natürlich auch eine Dauerwelle nach-
helfen). Sie ist stolz und besitzergreifend und gibt in der Liebe
gerne den Ton an. Sie ist temperamentvoll, drückt sich oft
theatralisch aus und hat beachtliche kreative Begabungen.
Selbstbehauptung ist ihr wichtiger als das Familienleben.
Die schönen und juwelenbedeckten Hofdamen mit dem
flammenden Haar, wie Tizian sie malte, sind eine gute Darstellung des Löwe-Archetyps.

Mond oder Venus in der Jungfrau

Eine solche Frau ist ruhig und zurückhaltend, steht nicht
gerne im Mittelpunkt und besticht lieber nicht so sehr durch
ihr Äußeres als durch ihre Intelligenz, den kritischen Verstand und ihr analytisches Talent. Sie ist zart gebaut und kleidet sich gerne einfach, oft in Blau oder in zarten Farbtönen;
sie liebt kleine Blümchenmuster und kann große Schmuck-
stücke nicht leiden. Gerne trägt sie aber zarte Ohr- und Fin-
gerringe.
Greta Garbo hatte in ihrem Horoskop Mond in der Jungfrau und verkörpert mit ihrer strengen Schönheit und dem
tiefen und kritischen Blick diesen Frauentyp.

Mond oder Venus in der Waage

Dieser Archetyp entspricht der eleganten und anspruchsvollen Frau, die Wert auf Form und gutes Benehmen legt. Sie ist
der Ästhetik, dem Schönen gegenüber aufgeschlossen und
interessiert sich für Kunst, sofern sie nicht ohnehin selbst
Künstlerin ist. Sie legt großen Wert auf die Pflege ihrer äuße-
ren Erscheinung und hat feine Gesichtszüge und einen harmonischen Körperbau. In der Liebe sind ihr Zärtlichkeit und
Sanftheit wichtiger als Leidenschaft und Sinnlichkeit. Die
eleganten, vornehmen Blondinen in den Filmen Hitchcocks
sind für dieses Frauenbild ein gutes Beispiel.

Mond oder Venus im Skorpion

Eine solche Frau strahlt Sinnlichkeit und Erotik aus und liebt
leidenschaftlich, mit ihrem ganzen Wesen. Sie ist eifersüchtig

und will in ihren Beziehungen »die einzige« sein. Sie neigt zu komplizierten Beziehungen, die sie heftig leiden lassen und in denen sie ihr dramatisches Temperament ausleben kann. Die »Vamps« aus den Filmen der dreißiger Jahre sind mit ihrer geheimnisvollen und sinnlichen Ausstrahlung typische Skorpion-Schönheiten. Das Temperament von Frauen wie der »Carmen« von Bizet wirkt anziehend auf Männer, deren weibliche Planeten im Skorpion stehen.

Mond oder Venus im Schützen

Eine ideale Gefährtin für alle, die Abenteuer, Reisen und das Leben in der freien Natur lieben. Sie ist unkompliziert, fröhlich und geistreich und kann gleichzeitig naiv und kokett sein. In ihrer Unabhängigkeit läßt sie sich nicht von ihrem Partner beherrschen, gesteht ihm aber die gleiche Handlungsfreiheit zu. Ihr offenes Gesicht zeigt ein sympathisches Lächeln.

Die amerikanische Schauspielerin Katherine Hepburn mit ihrer sportlichen, etwas knochigen Figur und dem ungekünstelten schützenhaften Lächeln kann als Verkörperung der Schützen-Anima gelten. Sie hat in ihren Filmen oft die kumpelhafte oder humorvolle Frau dargestellt.

Mond oder Venus im Steinbock

Ein Mann mit dieser Planetenkonstellation interessiert sich nicht für junge und unerfahrene Mädchen, er fühlt sich von reifen Frauen angezogen. Er sucht eine Frau, die zu Verantwortung fähig ist, die weiß, was sie will und wohin sie will. Sie braucht keinen Partner als Unterstützung, um sich stark zu fühlen. Sie kleidet sich elegant, aber nicht auffällig, liebt Schwarz und klassische Schnitte.

Männer mit diesem Archetyp im Horoskop finden die zeitlose Schönheit von Marlene Dietrich unwiderstehlich. Diese Schauspielerin, selbst ein Steinbock, verbirgt hinter ihrer kühlen und distanzierten Art eine leidenschaftliche Persönlichkeit. Mit ihrem Zylinder und den Männerkleidern war sie wunderschön und unerreichbar.

Mond oder Venus im Wassermann

Dieser Planetenstellung entspricht das Bild einer modernen, unkonventionellen und extravaganten Frau, die gerne durch ihre Originalität Eindruck macht. Sie ist immer voll von neuen Ideen und kann diese auch umsetzen. Sozialen Problemen gegenüber ist sie sehr sensibel und häufig in humanitären Organisationen aktiv. Das häusliche Leben und die Beschäftigung mit der Familie liegen ihr nicht, da sie in zahlreichen Aktivitäten engagiert ist. In der Liebe sucht sie auch die Freundschaft. Sie ist nicht eifersüchtig und will ihre Unabhängigkeit behalten.

Das Aussehen der Schauspielerin Charlotte Rampling, einer der Darstellerinnen im Film »Angel Heart« ist nicht gefällig und konventionell, sondern sie besitzt eine aparte und herbe Schönheit. Ihr Körper ist knabenhaft und ihr Verhalten sehr originell. Ihre Sonne steht im Zeichen des Wassermannes.

Mond oder Venus in den Fischen

Dieser weibliche Archetyp erinnert an die Sirenen aus Homers »Odyssee« und an Märchenprinzessinnen. Ihm entspricht die verträumte, ätherische, sensible, sehr weibliche und sinnliche Frau. Ihre Launen und ihr Äußeres sind wechselhaft; einem inneren Impuls entsprechend verändert sie ihr Erscheinungsbild. Sie wirkt zerbrechlich und stützt sich gerne auf einen Partner. In der Liebe ist sie opferbereit und verleugnet sich oft selbst.

Die Schriftstellerin Anais Nin ist Fischegeborene und verkörpert in ihrer Zartheit, mit ihrem sanften Naturell und ihrer zerbrechlichen Weiblichkeit, den verträumten und ausdrucksvollen Rehaugen, der schlanken Figur und den schönen Beinen aufs beste diesen Frauentyp.

Die obengenannten Beschreibungen müssen nicht mit den Sonnenzeichen übereinstimmen, sondern geben das Archetypische der Sternzeichen wieder.

2. Planeten im 7. Haus

Für Horoskopeigner, deren *Sonne* sich im 7. Haus befindet, sind zwischenmenschliche Beziehungen lebenswichtig. Diese stehen im Mittelpunkt ihrer Existenz: Sie leben nicht gerne alleine, und wenn sie sich verlieben, haben sie das Bedürfnis, eine ernsthafte Beziehung herzustellen. Sie widmen sich völlig ihrem Partner und erwarten von diesem die gleiche Hingabe. Sie suchen aber auch nach einem Partner, der ihnen die Möglichkeit offenläßt, außerhalb der Beziehung Bestätigung zu finden. Wird ihnen dies von einem allzu besitzergreifenden Gefährten verweigert, kann die Beziehung daran zugrunde gehen. Ist die Sonne in freiheitsliebenden Zeichen wie zum Beispiel Wassermann, Zwillinge, Schütze oder Widder plaziert, so ist es dem Betreffenden wichtig, seine Individualität auch in Liebesbeziehungen zu wahren. Sonne in den Zeichen Stier, Krebs, Skorpion, Löwe oder Fische fördert eine engere Bindung, in der die Partner das Gefühl haben, einander zu gehören. Die Position in den Sternzeichen und die Planetenaspekte vermitteln eine Vorstellung davon, welche Art von Ehe oder Partnerschaft die Betroffenen sich wünschen.

Steht die Sonne im 7. Haus, so wird der gesuchte Partner zu den Menschen gehören, die sich auf kreative Weise verwirklichen und ausdrücken. Diese Horoskopeigner mögen keine schwachen und unausgeprägten Persönlichkeiten, sondern fühlen sich von spontanen, lebhaften und energiegeladenen Menschen angezogen. Nicht selten gelangen sie erst über andere dazu, ihr eigenes Potential zu entfalten, denn Freunde und Partner sind für sie gleichsam Stimuli und Katalysatoren; in anderen Fällen wiederum wirken sie selbst stimulierend und motivierend auf ihre Umgebung.

In meinem eigenen Geburtshoroskop befindet sich die Sonne im 7. Haus in Konjunktion zum Deszendenten. Wichtige, wirklich grundlegende Entscheidungen sind immer das Ergebnis bedeutungsvoller Begegnungen gewesen. Als ich meinen Mann kennenlernte (während der transitierende Uranus ein Quadrat zu meinem Radix-Uranus bildete), lebte ich noch in Italien und befand mich in einer existentiellen Krise. Ich hatte so viele Pläne für meine Zukunft, doch kein einziger davon war bisher verwirklicht worden. Meine Heimatstadt war mir unerträglich geworden, ich wollte sie unbedingt verlassen, aber alle Versuche, anderswo zu leben, waren bis zu diesem Zeitpunkt immer gescheitert. Nachdem ich meinen späteren Mann kennengelernt hatte, entschloß ich mich, den großen Schritt zu wagen und zu ihm nach Deutschland zu kommen. Dies stellte für mich eine überaus wichtige Wendung dar, denn kaum hatte ich meine gewohnte Umgebung verlassen, begann für mich eine Zeit inneren Wachstums – ich entdeckte in mir bisher ungeahnte Möglichkeiten, und es war auch sicher kein Zufall, daß ich genau damals mit der Astrologie in Berührung kam –, und zwar ebenfalls durch eine Begegnung, die sich als sehr wertvoll erweisen sollte.

Horoskopeigner mit dem *Mond* im 7. Haus suchen in ihren Beziehungen Schutz und emotionale Sicherheit. Sie streben nach Bindungen, in denen die Gefühle die wichtigste Stelle einnehmen, und wollen sicher sein, daß sie eine Seelenverwandtschaft mit ihrem Lebenspartner verbindet. In Zweierbeziehungen übernehmen sie oft eine passive Rolle und lassen den anderen für beide entscheiden. Wenn sie sich binden, wünschen sie sich auch sehr, mit dem geliebten Menschen Kinder zu haben. Sie verbringen die Abende lieber mit dem Partner daheim im gemeinsamen, gemütlich und einladend gestalteten Haus als außerhalb, und gehören zu den Leuten, die vor der Hochzeit oder dem Beginn des Zusammenlebens mit Liebe und Begeisterung das gemeinsame Nest bauen und vorbereiten.

Die Frauen fühlen sich von sensiblen, feinfühligen und sanften Männern angezogen, die sich nicht als Eroberer gebärden, sondern sich erobern lassen wollen. Solche Männer verfügen über eine nahezu weibliche Sensibilität und können auch die Probleme von Frauen gut verstehen sowie selbst mütterlich und häuslich sein.

Ein Mann mit dieser Mondposition fühlt sich vom mütterlich-weiblichen Frauentyp angezogen, von üppigen Formen und großen Brüsten – von Frauen, die ihn spüren lassen, daß er die Führungsrolle innehat.

Jeder Planet birgt in sich Möglichkeiten, die man sowohl positiv wie negativ erleben kann. So können Menschen mit dem Mond im 7. Haus auch an unreife, überspannte und launenhafte Personen geraten, die ihre Partner in die Mutter- oder Vaterrolle drängen. Ebenso können Horoskopeigner mit der Sonne im 7. Haus Bindungen mit despotischen und autoritären Partnern eingehen, die ständig im Mittelpunkt der Aufmerksamkeit stehen wollen.

Ein Horoskopeigner wird die von den Planeten im 7. Haus hervorgerufenen Eigenschaften so lange negativ erleben, bis er entdeckt, daß diese Qualitäten auch in ihm selbst vorhanden sind.

Ein Mensch mit der Sonne im 7. Haus wird auf Partner treffen, welche die Sonneneigenschaften auf despotische und egozentrische Weise ausleben, bis er lernt, sich zu wehren, sein Leben selbst in die Hand zu nehmen und sich auch im Rahmen einer Zweierbeziehung zu verwirklichen. Wer den Mond in dieser Position hat, wird wahrscheinlich so lange mit den negativen Mondeigenschaften konfrontiert sein, bis er eine Beziehung zu seinem inneren Mond hergestellt und gelernt hat, sich seiner Gefühle und Zuneigung weder zu schämen noch sie zu fürchten.

Mit *Merkur* im 7. Haus wird die Kommunikation zwischen den Partnern zum wichtigsten Element der Beziehung. Die Horoskopeigner lieben den Ideenaustausch, lange Gespräche und endlose Telefonate mit dem anderen. Sie lachen gerne miteinander, erzählen viel und versetzen einander in Erstaunen. Sie streben nach einer Partnerschaft auf der Basis von Gleichberechtigung und Zusammenarbeit. Es ist ihnen ein Bedürfnis, mit dem anderen gemeinsam zu wachsen, Erfahrungen zu machen, fast wie »Bruder und Schwester«, im Zeichen von Freundschaft und gegenseitigem Beistand.

Sie empfinden Sympathie für lebhafte, scharfsinnige, intelligente oder intellektuell wirkende Personen. Beide Geschlechter fühlen sich von einer schlanken und fast jugendlichen, beweglichen Körperfigur angezogen. Die Männer haben in diesem Fall nichts für die Reize einer Venus von Milo übrig, sie mögen kleine Busen, schmale Hüften und lebhafte, schelmische Frauen. Männer wie Frauen neigen dazu, sich in wesentlich jüngere Partner zu verlieben.

Wer *Venus* im 7. Haus hat, kann in jeglicher Art von Beziehungen Streit und Disharmonie äußerst schlecht ertragen. Das richtige Maß ist für ihn wichtig in einer Liebesbeziehung – Gefühle sollen gemäßigt sein, nicht exzessiv. Menschen mit dieser Konstellation sind sehr geschickt darin, Konflikten aus dem Weg zu gehen, sie setzen dafür Diplomatie, Nachsicht und Anpassungsfähigkeit ein. Beide Geschlechter fühlen sich zu Menschen hingezogen, die schön sind im wahrsten Sinne des Wortes – elegant, von erlesenem Geschmack, mit ausgeprägtem Sinn fürs Ästhetische und Künstlerische. Die klassische Schönheit bis hin zur Vollkommenheit fasziniert sie. Die bekannte französische Schauspielerin Catherine Deneuve verkörpert diesen Typ weiblicher Schönheit, der einen Mann begeistern kann, dessen Venus sich im 7. Haus oder in Konjunktion zum Deszendenten befindet. Liebe ist für diese Menschen von höchster Bedeutung und wird in ihrem Leben immer eine übergeordnete Rolle spielen. Eine Ehe oder andere Verbindung aus rationalen oder wirtschaftlichen Überlegungen kommt für sie nicht in Frage, sie binden sich nur, wenn sie für den anderen tiefe Zuneigung empfinden. Steht Venus in Konjunktion zum Deszendenten, wird das Liebesleben wahrscheinlich schon früh einsetzen, weil dann bereits in sehr jungem Alter große Empfänglichkeit für Gefühle und erotische Impulse besteht.

Steht *Mars* im 7. Haus, so können die Horoskopeigner harmonische Beziehungen gar nicht leiden. Sie würden sich zu Tode langweilen in einer Partnerschaft, in der immer alles problemlos verläuft, denn sie brauchen eine gewisse Spannung, um sich lebendig zu fühlen. Sie lieben Streit, Herausforderung und gegenseitiges Kräftemessen. Haben sie den Eindruck, es gehe alles zu friedlich zu, so sticheln und provozieren sie so lange, bis der Partner die ruhigen Gewässer wieder in Bewegung bringt. Die ideale Partnerin eines solchen Mannes muß mutig, leidenschaftlich und temperamentvoll sein und sich in jeder Situation auch ohne Hilfe ihres Partners zurechtfinden. Sie muß unabhängig sein und auch in schwierigen Zeiten an seiner Seite bleiben. Schwache und hilflose Weibchen kann er nicht leiden. Der ideale Mann für die Horoskopeignerin mit Mars im 7. Haus ist dominant und kann sich in jeder Situation behaupten. Er ist ein leidenschaftlicher, oft etwas »ungehobelter« Liebhaber, von dem sie hofft, in die Geheimnisse der Liebe eingeführt zu werden.

Natürlich gibt es auch unter dieser Konstellation Menschen, die Partner anziehen, bei denen die Marsenergie ihren negativen Ausdruck findet: autoritäre, gewalttätige und despotische Charaktere.

Nach astrologischer Tradition wirkt sich *Jupiter* im 7. Haus günstig auf die Ehe aus und fördert deren glücklichen Verlauf. Auch ich bin der Ansicht, daß viele Menschen mit dieser Jupiterposition in ihren Beziehungen zufrieden sind und weniger Schwierigkeiten in der Liebe haben als Personen mit anderen Planeten in diesem Haus. Sie sind ihren Mitmenschen gegenüber positiv eingestellt, und dies ist natürlich für die Entwicklung einer Beziehung eine gute Grundlage, doch ist es äußerst schwierig, daraus zu schließen, daß alle Horoskopeigner mit Jupiter im 7. Haus das gleiche »Glück in der Liebe« haben. Dieses hängt ja nicht nur von einer Konstellation ab, sondern von unserer generellen Haltung dem Leben gegenüber, die wieder aus den Erfahrungen der Vergangenheit genährt wird, vor allem von unseren ersten Erlebnissen mit den Eltern: haben wir genügend Zuneigung und Sicherheit erlebt, haben wir gelernt, zu geben und zu empfangen, sind wir in einer glücklichen und ausgeglichenen Umgebung aufgewachsen? All dies trägt schon im frühen Kindesalter dazu bei, in einem Menschen das Vertrauen in die anderen zu fördern und vor Gefühlen keine Angst zu haben.

Menschen, die unter dem Einfluß Jupiters stehen, haben ein festes Vertrauen ins Leben, auch wenn es nicht immer einfach ist, und dies kann ihre Existenz sehr erleichtern.

Befindet sich Jupiter nur im 7. Haus (ohne Konjunktion zum Deszendenten, also nicht dominant) oder treten keine weiteren Jupiter- oder Schützepositionen auf, wird der Betreffende nur im Bereich der zwischenmenschlichen Beziehungen durch diese Energie beeinflußt. Er wird auf Partner stoßen, die dieses Prinzip verkörpern, Schützegeborene oder Menschen mit starkem Jupitereinfluß im Geburtshoroskop. Ich habe oft festgestellt und wurde in dieser Beobachtung von Kollegen bestärkt, daß viele Menschen mit Jupiter im 7. Haus der Ansicht sind, das Glück in der Zweierbeziehung stehe ihnen einfach zu. Sie erwarten immer nur das Beste von einer Partnerschaft und fordern vom Partner das Maximum. Wenn der Planet auch noch in einem Spannungsaspekt zu Sonne, Mond oder Venus steht, werden die Forderungen riesig: sie erwarten mehr, als der andere geben kann. Dies kann zu ständiger Unzufriedenheit in der Beziehung führen.

Wer Jupiter im 7. Haus hat, fühlt sich von kultivierten Menschen angezogen, die Interessen im Bereich von Philosophie, Politik, Religion oder Humanismus pflegen und auch nach Beendigung eines Studiums oder einer Ausbildung weiter versuchen, ihr Wissen zu erweitern. Auch reiselustige Menschen, die sich als Weltbürger fühlen, üben eine Faszination auf sie aus.

Was das Vertrauen in die Mitmenschen betrifft, so sind Menschen mit *Saturn* im 7. Haus sehr mißtrauisch. Sie isolieren sich häufig von den anderen und führen aus Angst vor Ablehnung oder Verlassenwerden lieber ein einsames Leben. Alte astrologische Texte schrieben diesem Planeten häufig eine negative Rolle zu: Stünde er im Haus der Beziehungen, so hätten diese Menschen kein Glück in der Liebe, ihr Liebesleben wäre von schmerzhaftem Verzicht, Trennung, Entfremdung oder gar Witwerschaft gekennzeichnet. Saturn ist aber nicht der unglückbringende Planet, als der er so oft beschrieben worden ist, sondern ein überaus wichtiges Element für unser inneres Wachstum. Ohne Leid oder Verzicht ist auch kein Wachstum möglich. Er verkörpert das Prinzip, das zu Reifung und Weisheit führt. Ohne diesen Planeten in unserem Horoskop wären wir nicht imstande, die Kindheit hinter uns zu lassen, die Nabelschnur zu durchtrennen und eigenverantwortliche Erwachsene zu werden.

Saturn im 7. Haus oder in Aspekt zu Venus sorgt im Bereich der Beziehungen dafür, daß die Menschen durch – oft schmerzhafte – Erfahrungen zu mehr Eigenverantwortlichkeit gelangen, ihre Illusionen ablegen und Partnerschaften auf eine realistische und reife Weise leben. Bei Klienten und Bekannten mit dieser Position habe ich festgestellt, daß diejenigen, die bei ihrer Heirat sehr jung und unerfahren waren, oft Trennungen, Enttäuschungen oder das Scheitern ihrer Ehe erlebt haben. Bei Erreichen der inneren Reife – gleichzeitig zum Transit Saturns über seiner Radixposition – lernen sie schließlich nach den anfänglichen Enttäuschungen den geeigneten Partner kennen. Saturn benötigt Zeit für den Reifungsvorgang, bevor er zur Erfüllung gelangt.

Wie bereits erwähnt, sind solche Menschen sehr verwundbar, was die Beziehungen zu anderen anbetrifft; werden sie enttäuscht oder abgelehnt, so verschließen sie sich, gehen anderen Begegnungen aus dem Weg, und es vergehen möglicherweise Jahre, bevor sie wieder genügend Vertrauen aufbringen können, um sich erneut zu binden. Dies geschieht dann nicht mehr leichten Herzens, sondern ist immer mit der Angst vor einer neuerlichen Enttäuschung verbunden. Eine Partnerschaft soll ihnen Sicherheiten bieten; unsichere und unklare Situationen sind ihnen unangenehm. Sie gehen nur dann eine Bindung ein, wenn sie auf deren Dauerhaftigkeit vertrauen können und ihnen der Partner emotionale und materielle Sicherheit geben kann.

Viele Menschen mit dieser Konstellation ziehen es vor, allein zu leben, andere dagegen verweigern aus Angst vor Einsamkeit oder Sicherheitsverlust die Trennung oder Scheidung vom Partner, auch wenn das Zusammenleben nicht mehr gelingt und dieser Schritt eigentlich der beste für beide wäre.

Sie mögen ernsthafte, verantwortungsbewußte Menschen mit einem ausgeprägten Pflichtgefühl. Manchmal treffen sie auf Partner, die eine Mutter- oder Vaterposition einnehmen, die sie dominieren und in ihrer eigenen Entwicklung zu Verantwortung und Unabhängigkeit hemmen. Dies ist vor allem dann der Fall, wenn in dem Horoskop mit Saturn im 7. Haus eine starke Wasserbetonung gegeben ist oder Neptun im Aspekt zu Sonne, Mond oder Venus steht oder aber der Mond Herrscher des Horoskops ist. Steht *Uranus* im 7. Haus, so gehen die Horoskopeigner allzu sicheren und festen Beziehungen aus dem Weg. Sie benötigen vor allem ihre persönliche Freiheit und möchten die eigene Unabhängigkeit aufrechterhalten. Zu viel Sicherheit würde ihnen das Gefühl geben zu ersticken. Sind sie einmal gefühlsmäßig gebunden, so haben sie Angst davor, eingeengt und nicht mehr Herr ihrer selbst zu sein. Sie gestatten niemandem – weder Freunden noch Geliebten, Verwandten oder Kollegen – ihnen ihre Freiheit zu nehmen, denn diese ist ihnen so wichtig und unentbehrlich wie die Luft zum Atmen. Viele Menschen mit dieser Konstellation sind sich dieses Bedürfnisses gar nicht bewußt und projizieren es statt dessen auf andere Menschen. Dann finden sie natürlich einen Partner, der all das von ihnen fordert und erwartet, einen sehr unabhängigen Partner, der mit ihnen eine freie Beziehung eingeht, in der »Türen und Fenster« immer offenstehen müssen. Dies tritt vor allem dann ein, wenn im persönlichen Horoskop außer der oben erwähnten Konstellation der Einfluß von Uranus, Wassermann oder anderen freiheitsliebenden Zeichen oder Planeten nicht sehr stark ist.

Wenn jemand zum Beispiel eine starke Erd-/Wasser-Betonung aufweist oder persönliche Planeten in Kontakt zu Saturn stehen, wird er in jedem Lebensbereich und somit auch in Liebesbeziehungen Sicherheit und Stabilität benötigen. Uranus im 7. Haus ist in einem solchen Horoskop dann ein dissonantes Element, das in die bewußte Persönlichkeit nicht integriert wird und in Liebesbeziehungen projiziert wird. Projektionen kommen immer dann zustande, wenn die Eigenschaften des Planeten im 7. Haus mit den anderen Faktoren des Geburtsbildes nicht übereinstimmen.

Wer Uranus im 7. Haus hat, wird in seinem Leben immer wieder auf uranus- oder wassermannbetonte Menschen treffen. Diese sind entgegen häufigen Behauptungen nicht untreu. Sie können es werden, wenn der Partner ihr Bedürfnis nach Bewegungsfreiheit falsch versteht und als Ruf nach sexueller Freiheit auslegt. Versucht er dann, die Freiheit des Uranus-Partners zu beschränken, wird dieser in seiner Halsstarrigkeit erst recht das Gegenteil dessen tun, was von ihm verlangt wird, und untreu sein. Freiheit heißt nicht, den anderen zu betrügen, sondern ausgehen, wenn man Lust dazu hat, vielleicht ab und zu getrennte Ferien machen, sein eigenes Bett oder Zimmer haben, ein Reich, in das man sich zurückziehen kann, wenn man niemanden sehen will; eigene Freundschaften pflegen, die der Partner eben nicht teilt. Wer Uranus im Haus der Liebesbeziehungen hat, muß unbedingt lernen, unabhängig zu sein und diese Freiheit auch der geliebten Person zuzugestehen.

Horoskopeigner, bei denen sich *Neptun* im 7. Haus befindet, suchen in ihren Beziehungen eine mystische Dimension. Ihre Sehnsucht nach Seelenvereinigung führt sie zu Partnern, mit denen die geistige Suche und die Verwirklichung von gemeinsamen Idealen zu einem grundlegenden Bestandteil von Liebesbeziehungen wird.

Sie neigen dazu, den geliebten Menschen zu idealisieren, seine Fehler zu übersehen, geben sich vorbehaltlos und ganz hin, suchen die absolute Symbiose in der vollkommenen Beziehung. Aus diesem Grund wird Neptun in der Überlieferung immer mit großen Enttäuschungen in Partnerschaften in Verbindung gebracht. In der Realität gibt es aber keine Beziehung, in der die Liebenden auf ewig in einem Zustand gegenseitiger Hingabe und völliger Verschmelzung verharren können. Früher oder später werden sie erkennen müssen, daß sie zwei getrennte Wesen sind, die jeweils eine eigene Vergangenheit hinter sich haben, und daß der Partner ihnen nicht all das geben kann, wonach sie sich sehnen, und was sie sich wünschen.

Vollkommene Liebe und ewiges Glück gibt es nur im Märchen, die Wirklichkeit ist viel komplizierter. Jeder Partner benötigt für seine Entwicklung und inneres Wachstum ein Minimum an Unabhängigkeit.

Die jungianische Psychotherapeutin Verena Kast zitiert den Wunschtraum eines Patienten, in dem ganz deutlich wird, wonach sich neptunbetonte Menschen oder solche mit

Neptun im 7. Haus in ihren Liebesbeziehungen sehnen: »Ich möchte eine Partnerin haben, die mich versteht, die meine tiefsten Erkenntnisse teilt, die nur für mich Augen hat wie ich nur für sie. Ich stelle mir vor, daß wir in ständiger Umarmung leben würden: real, aber auch symbolisch; daß ich dann sehr schöpferisch wäre und sie auch. Ich würde mich dann ganz sicher geborgen, verstanden und stark fühlen und sie auch. Sie brächte die Kraft in mir zum Fließen. Aber wenn sie mich verließe, dann bräche eine Welt zusammen, das würde ich überhaupt nicht ertragen, überhaupt nicht, und deshalb ist das, was ich jetzt da phantasiert habe, eben unerfüllbare Sehnsucht und muß es auch bleiben.«[7]

Was Erich Fromm in *Die Kunst zu lieben* schreibt, sollte der Neptunbetonte beherzigen:

»Im Gegensatz zu der symbiotischen Vereinigung ist die reife Liebe Eins-Sein unter der Bedingung, die eigene Integrität und Unabhängigkeit zu bewahren, und damit auch die eigene Individualität. Die Liebe des Menschen ist eine aktive Kraft, die die Mauern durchbricht, durch die der Mensch von seinen Mitmenschen getrennt ist, und ihn mit den anderen vereint. Die Liebe läßt ihn das Gefühl von Isolation und Getrenntsein überwinden, erlaubt ihm aber, sich selbst treu zu bleiben und seine Integrität, sein So-Sein zu bewahren. In der Liebe ereignet sich das Paradox, daß zwei Wesen eins werden und doch zwei bleiben.«[8]

Viele Horoskopeigner mit Neptun im 7. Haus möchten die Wesensmerkmale des Partners nicht wahrhaben, die das Bild zerstören könnten, daß sie sich von ihm gemacht haben. Sie würden lieber in der Illusion verharren, daß alles makellos und alles bestens sei. Andere wieder werden von einer unstillbaren Sehnsucht befallen, die sie unzufrieden macht, ohne daß sie den Grund dafür wüßten, und sie immer wieder auf die Suche gehen läßt nach etwas, das es auf dieser Welt nicht gibt. Etwas Unerklärbares, Unbeschreibliches scheint ihnen in ihren Beziehungen zu fehlen, so daß sie sich wieder einer neuen Liebe zuwenden in der Hoffnung, endlich doch den richtigen Menschen zu finden, der

sie diese Sehnsucht vergessen und das ständige Suchen beenden läßt. Die Unzufriedenheit kommt natürlich bald wieder
zum Vorschein – so lange, bis sie sich damit abgefunden
haben, daß diese von ihnen so ersehnte »endgültige« Liebe
unter uns Sterblichen keinen Platz hat.

Neptunbetonte Menschen müssen lernen, mit dieser
Sehnsucht und Unbefriedigtheit im Herzen zu leben; sie nei-
gen dazu, in ihrem Leben eine nur schwer zu erreichende
Harmonie zu suchen.

Der Planet Venus steht für die irdische Harmonie auf dieser Welt, während Neptun als seine höhere Oktave die
himmlische Harmonie verkörpert, die für jene bestimmt ist,
die nicht mehr auf unserer Erde weilen.

In einer Sammlung alter italienischer Märchen, die der
Schriftsteller Italo Calvino zusammengetragen hat, findet
sich eine Geschichte, die dieses für Neptunbetonte so kenn-
zeichnende Unbehagen gut beschreibt:

»In einem weit entfernten Königreich lebte einmal ein reicher und von seinen Untertanen sehr geachteter König. Er
hatte einen einzigen Sohn, den er liebte wie sein Augenlicht.
Der Prinz aber war immer ein wenig unzufrieden und verbrachte ganze Tage damit, vom Balkon des Palastes in die
Ferne zu sehen.

›Was fehlt dir, was hast du, mein Sohn?‹ fragte der König.

›Mein Vater, ich weiß es selbst nicht!‹

›Bist du verliebt? Wenn du dich nach einem Mädchen
sehnst, so sage es mir, ich werde es dir bringen, und sollte es
die Tochter des mächtigsten Königs oder des ärmsten Bett-
lers sein!‹

›Nein, Vater, ich bin nicht verliebt.‹

Der König versuchte alles Erdenkliche, um seinem Sohn
Zerstreuung zu bieten: Theater, Musik, Tanz, fröhliche Lie-
der – doch der Prinz wurde täglich bleicher und trauriger.
Der König rief alle Weisen an seinen Hof – Philosophen,
Astrologen, Ärzte und andere Gelehrte. Diese zogen sich zu-
rück, um nachzudenken, und verkündeten schließlich:

›Majestät, wir haben überlegt und in den Sternen gelesen.

Ihr solltet folgendes tun: tauscht das Hemd Eures Sohnes gegen das eines wirklich zufriedenen Mannes.‹ Der König schickte seine Boten aus, um einen solchen Mann zu suchen. Sie brachten ihm einen Priester. ›Bist du zufrieden?‹ fragte der König. ›Ja, Majestät!‹ ›Möchtest du Bischof werden?‹ ›Aber ja, Majestät!‹ ›Verschwinde! Ich suche jemand, der wirklich zufrieden ist, nicht einen, der Bischof werden will!‹ rief der König erzürnt.

So suchten die Boten den König eines Nachbarlandes auf, von dem es hieß, er sei glücklich. Er hatte eine schöne Frau, viele Kinder, und sein Land lebte im Frieden. Der König empfing die Boten und antwortete ihnen:

›Ja, ich bin glücklich, mir fehlt nichts, nur wenn ich ans Sterben denke und daran, daß ich dann alles auf Erden zurücklassen muß, dann packt mich die Angst!‹

Die Boten kehrten unverrichteter Dinge zurück.

Um seinen Ärger und seine Wut loszuwerden, begab sich der König auf die Jagd. Während er einem Hasen nachstellte, hörte er auf den Feldern jemanden fröhlich vor sich hin singen. Wer so fröhlich singt, der muß glücklich sein, dachte der König und folgte der Stimme. Er fand einen Bauern vor, der bei der Feldarbeit sang.

›Guten Morgen, Majestät! Zu so früher Stunde seid Ihr schon unterwegs!‹ grüßte ihn der junge Mann.

›Du Glücklicher!‹ sagte der König. ›Willst du mit mir in die Hauptstadt kommen und mein Freund sein?‹

›Nein, Majestät, ich bin zufrieden hier und möchte mit niemand tauschen, nicht einmal mit dem Papst!‹ antwortete der junge Bauer.

Der König sah, daß er endlich einen glücklichen Menschen getroffen hatte, und rief sein Gefolge: ›Kommt nur, mein Sohn ist gerettet!‹

›Du glückseliger Kerl, du bekommst alles, was du willst, aber gib mir, gib mir…‹

›Was wollt Ihr denn, Majestät, was soll ich Euch geben?‹

Der König knöpfte ihm bereits die Jacke auf. Plötzlich hielt er inne: der zufriedene Mensch besaß kein Hemd!«[9]

Menschen mit *Pluto* im 7. Haus müssen im Laufe ihres Lebens lernen, daß ihre Liebesbeziehungen oft kompliziert verlaufen. Sie werden erfahren, daß ihr Liebesleben von häufigen Krisen gekennzeichnet ist, die sie und ihre Partner tiefgreifend verändern. In gefühlsbetonten zwischenmenschlichen Beziehungen kommt es wahrscheinlich zu Machtkämpfen, psychologischer »Kriegführung«, gegenseitiger Manipulation und emotionalen Spannungen. Es ist aber immer auch große Leidenschaft vorhanden, die bis zur Hörigkeit führen kann. Extreme oder überreizte Gefühle reichen von Liebe bis Haß, und eine starke erotische Komponente hält oftmals das Paar zusammen. Steht das Gefühlsleben unter dem Einfluß Plutos, des Herrschers der Unterwelt, so können die Horoskopeigner eine Person aus ganzer Seele lieben und gleichzeitig heftig hassen. Sie sind kompromißlos in ihren Gefühlen.

Liebe und Haß sind nur zwei Seiten einer Medaille und haben beide den gleichen Ursprung: die menschliche Seele.

Wie bei Neptun so suchen auch die Liebenden unter dem Einfluß Plutos eine symbiotische Verbindung. Der Unterschied zwischen den beiden Planeten ist dabei aber folgender: Neptun strebt nach Symbiose und mystischer Vereinigung, nach einer Seelengemeinschaft, die gelegentlich auch eine körperliche Beziehung ausschließen kann. Pluto hingegen sucht die Verschmelzung auf dem körperlichen Weg, in der erotisch-leidenschaftlichen Umarmung. Die von Pluto beeinflußte Symbiose ist exklusiv und schließt andere Menschen aus. Die Liebenden isolieren sich vom Rest der Welt, gleichgültig ob bei ihnen Liebe oder Haß regieren. Diese beiden Gefühle stellen ein unauflösliches Band dar und können ein ganzes Leben lang in gleicher Stärke andauern. Ein Klient erzählte mir von seiner Mutter, die noch auf dem Totenbett ihrem Mann nicht vergab, weil dieser in der Jugend »Fehler« begangen hatte.

Meist sind es gerade die heftigen Liebes- und Haßgefühle,

die eine Trennung unmöglich machen, auch wenn zwei Menschen nach zermürbenden Kämpfen und erschöpft durch die stete negative Tendenz der Beziehung einen Schlußpunkt setzen möchten. Eine dunkle Macht hält sie aneinander gefesselt.

Im Tarot wird dieses Beziehungsmuster durch die Trumpfkarte Nr. 15 »Der Teufel« genau beschrieben:[10] Das Bild zeigt Luzifer oder den Gott Pan, der zu seiner Rechten eine weibliche und eine männliche nackte Gestalt angekettet hält. Die Ketten um ihren Hals sind nicht eng, die beiden Liebenden könnten sich befreien, wenn sie es nur wollten, doch ihr Gebundensein ist nicht bloß körperlich, wie es sich in den Ketten ausdrückt, sondern auch psychologischer Natur. Wenn es den Partnern nach geradezu übermenschlichen Anstrengungen gelingt, sich doch zu trennen, so wird dies kein einfacher Vorgang aus einem gemeinsamen Einverständnis heraus sein. Machtkämpfe und Manipulationen können lange Zeit andauern. Eine Klientin erzählte mir neulich, daß sie seit mehr als drei Jahren durch die meist anonymen Anrufe ihres ehemaligen Partners belästigt wird. Er hatte sie wegen einer anderen Frau verlassen, und kann sich doch nicht ganz von ihr trennen. Er läßt das Telefon zu jeder Tages- oder Nachtzeit läuten und hält so den Kontakt trotz des Abbruchs der Beziehung aufrecht. Meiner Klientin gelingt es eben deshalb nicht, ihren früheren Partner zu vergessen. Sie hofft unbewußt, die Anrufe mögen als Beweis für die Existenz eines unsichtbaren Bandes zwischen ihnen doch andauern.

Die Gestalt des plutobetonten Menschen in seiner negativen Ausprägung finden wir häufig in der Oper: Es handelt sich um den abgewiesenen Liebhaber, der sich der Realität nicht beugt, den Liebenden ihr Glück nicht gönnen will und statt dessen gewaltsam ihren Traum zerstört – und damit auch sich selbst. Einer von ihnen ist der alte Silva in der Oper »Ernani« von Verdi und im gleichnamigen Roman von Victor Hugo.

Der plutobetonte Horoskopeigner, der diese Energie auf kreative Weise verarbeitet und sich von seinen Sehnsüchten löst, ist imstande, eine Beziehung tatsächlich zu beenden und auf positive Weise neu anzufangen, indem er sich einer Wandlung unterzieht und wie Phönix aus seiner Asche steigt. Er muß die Fehler der Vergangenheit nicht wiederholen. Auch wenn dies wirklich eine enorme Anstrengung bedeutet, so kann der Plutobetonte – wenn er es will – unter Aufwendung all seiner Kräfte ein Ende und einen neuen, konstruktiveren Anfang setzen, denn die wesentliche Bedeutung des Planeten liegt in der Wandlung. Nur durch sie kommt ein solcher Mensch in Berührung mit seinem eigentlichen Wesen und seiner inneren Kraft.

Ist das 7. *Haus unbesetzt,* so müssen wir das Zeichen untersuchen, in welches der Deszendent fällt, sowie den dort herrschenden Planeten. Ist das Haus mit zwei Zeichen belegt, gilt die Aufmerksamkeit dem Zeichen, in das die Häuserspitze fällt.

Unser Beispiel (Alessandra) weist ein leeres 7. Haus und den Deszendenten in den Zwillingen auf, hier müssen wir also Merkur betrachten. Der Planet befindet sich im 9. Haus, in Konjunktion zu Venus in Jungfrau, und zeigt uns an, daß die Horoskopeignerin ein Bedürfnis nach Beziehungen hat, in denen Kommunikation und Ideenaustausch ganz wesentlich sind. Die Partner werden sich wahrscheinlich für politische, religiöse und philosophische Themen interessieren, oder aber besonders von fremden Kulturen fasziniert sein und Reisen in ferne Länder organisieren oder an Studienreisen teilnehmen, um ihren Horizont zu erweitern. Bedürfnisse im Gefühlsbereich werden verbal ausgedrückt, die Partner möchten einander ihre Gefühle mitteilen.

Wenn wir ein vollständiges Bild des »idealen Partners« haben wollen, müssen wir auch Sonne und Mars betrachten. Die Sonne im 9. Haus, im Quadrat zum Aszendenten im Schützen bestätigt das bereits Gesagte: im Zeichen der Jungfrau weist sie auf einen ergebenen Partner hin, der sich aufmerksam um die Horoskopeignerin kümmert und ihr liebevolle Aufmerksamkeit zukommen läßt – oft in Form kleiner Gesten und Zärtlichkeiten. Es handelt sich um einen Mann von praktischer Intelligenz und ausgeprägtem kritisch-ana-

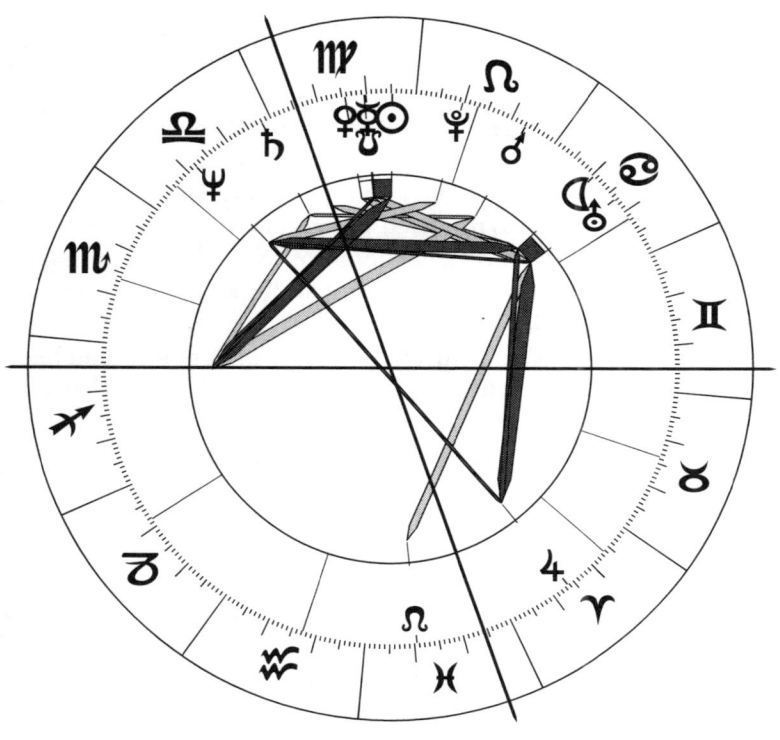

Radix

Alessandra

lytischem Geist; etwas pedantisch vielleicht und seinen Gewohnheiten verhaftet, aber verläßlich. Das Quadrat der Sonne zum Aszendenten im Schützen kann darauf hindeuten, daß für ihn ein Konflikt zwischen dem Interesse an Reisen und fremden Kulturen und dem Bedürfnis nach einem ruhigen Leben mit den kleinen Dingen des Alltags besteht (Spannung zwischen Jungfrau und Schütze).

Mars hingegen befindet sich in einer privilegierten Stellung: er ist dominant aufgrund des Trigons zum Aszendenten im Schützen und steht im Löwen im 8. Haus. Die Horoskopeignerin fühlt sich also physisch von einem Mann angezogen, der selbstsicher ist und außerdem ein explosives Temperament, viel Energie und Begeisterungsfähigkeit hat und kreativ begabt ist. Er ist leidenschaftlich, doch im Gegensatz zu der Gestalt des Mannes, der durch die Sonne in der Jungfrau beschrieben wird, verbringt er nicht seine Zeit damit, sich zu fragen, was seine Partnerin jetzt gerade brauchen könnte, sondern ist sehr egozentrisch und denkt häufig nur an sich. In intimen Momenten aber erwärmt er ihr mit seiner Leidenschaft das Herz. Auch in Liebesbeziehungen liebt er Herausforderungen und Wettbewerb. Er ist kein Gewohnheitsmensch und braucht immer neue Reize, weshalb eine Partnerschaft mit ihm manchmal recht anstrengend sein kann.

Aus diesen Beschreibungen wird ersichtlich, wie widersprüchlich das Bild des idealen Partners ausfallen kann – es scheint sich um zwei gänzlich verschiedene Menschen zu handeln. Wie bereits erwähnt, gibt es zwei Möglichkeiten, diese unterschiedlichen Tendenzen zu leben: entweder man findet einen Menschen, der (im weiblichen Horoskop) die durch das 7. Haus sowie von Sonne und Mars beschriebenen Eigenschaften in sich vereint – dies ist vielleicht die glücklichere Lösung – oder man begegnet mehreren Partnern, die jeweils unterschiedliche Bedürfnisse befriedigen.

3. Im Horoskop fehlendes oder am schwächsten vertretenes Element

Die vier Elemente mit ihren unterschiedlichen Eigenschaften beschreiben in der Astrologie das jeweilige Temperament der Menschen. Wer sich bereits seit längerer Zeit mit Astrologie beschäftigt, der kennt die charakteristischen Eigenschaften der einzelnen Elemente bereits, und ich möchte daher nicht näher darauf eingehen. Aus dem Tarot ist vielleicht folgendes bekannt: Wenn bei der Legung die Hofkarten erscheinen – König, Königin, Ritter und Buben –, so bedeutet dies, daß im Leben des Ratsuchenden der Augenblick gekommen ist, die Eigenschaften dieser Karten in sich zu integrieren. Damit dies geschehen kann, wird wahrscheinlich ein Mensch in sein Leben treten, der die Eigenschaften der gelegten Karten verkörpert. Die Kleinen Arkana entsprechen den vier Elementen: die Stäbe stehen für Feuer und Kreativität, die Kelche für Wasser und das Empfangende, die Münzen für Erde und Stabilität, die Schwerter für Luft und Beweglichkeit.[11]

In der Astrologie sind die Horoskope nicht gleichmäßig von den Elementen besetzt: Ein oder zwei Elemente sind meist dominant, gleichzeitig sind die beiden anderen Elemente nur schwach mit Planeten oder dem Aszendenten besetzt oder gänzlich unbesetzt. Wenn wir einem Menschen begegnen, in dessen Horoskop diejenigen Elemente dominieren, die in unserem eigenen fehlen, so kann dies eine Gelegenheit sein, uns mit unserer »Schatten-Seite« zu konfrontieren und diese in unsere Persönlichkeit zu integrieren. Leider gelingt dies nicht immer, und in vielen Fällen werfen die Partner einander immer wieder ihre Verschiedenheit vor, entfernen sich voneinander oder bekämpfen sich, anstatt zu lernen, einander besser zu verstehen und über den Partner zu einer vertieften Kenntnis des Lebens zu gelangen.

Im Horoskop von *Giacinto* ist das Element Luft mit vier Planeten – darunter die Sonne – dominant; die Erde ist durch drei Planeten und den Aszendenten im Steinbock vertreten. Der Steinbockaszendent steht dabei in Konjunktion zu Saturn, der Herrscher dieses Zeichens, des Elementes Erde und des ganzen Horoskops ist. Wasser und Feuer sind schwach besetzt. Das Temperament dieses Menschen ist durch die Elemente Luft und Erde gekennzeichnet. Einerseits ist sein Charakter dank des Elements Luft von

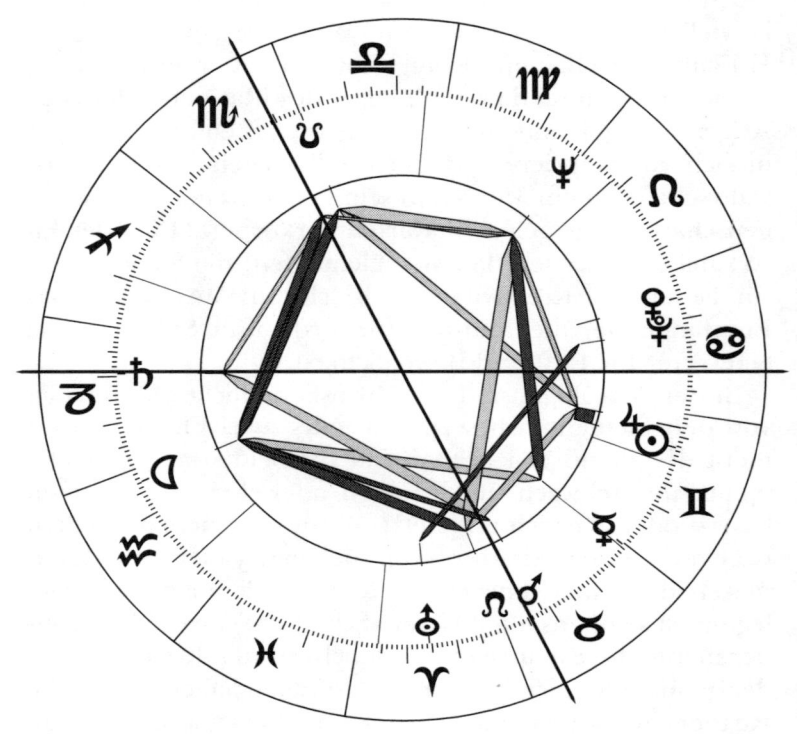

Radix

Giacinto

Leichtigkeit, unkonventionellem Denken und starkem Freiheitsbedürfnis geprägt, anderseits ist er durch das Element Erde auch besonnen, mit Sinn für Traditionen und für das Konkrete ausgestattet. Auch körperliche Widerstandsfähigkeit gehört dazu. Trotz einiger Widersprüchlichkeiten sind beide Elemente in den Charakter integriert. Giacinto kann jedoch Gefühle und Emotionen kaum äußern oder ausleben. Diese werden dem Element Wasser zugeordnet, das in seinem Horoskop schwach vertreten ist. Auch fehlen Begeisterungsfähigkeit und Leidenschaftlichkeit als typische Feuereigenschaften. Die Sonne steht zwar in Konjunktion zu Jupiter, doch wird die feuerähnliche Energie dieses Planeten von Giacinto nur in seiner Arbeit ausgelebt, in die er sehr viel Kraft investiert (Sonne–Jupiter im 6. Haus).

Da Giacinto die schwächeren Elemente schwer ausleben kann, hat er in der Begegnung mit seiner Frau, *Nicla,* die Konfrontation damit gesucht. Ihr Horoskop weist eine Erd-Dominanz auf (dies stellt eine Gemeinsamkeit mit dem Ehemann dar), gefolgt von der Sonne. Ein dominierender Neptun verstärkt die Wirksamkeit des Wassers. Das Element Feuer findet seinen Ausdruck im Aszendenten im Schützen und in der Konjunktion Jupiters dazu. Das Element Luft ist mit dem einzigen Planeten Merkur äußerst schwach besetzt. Es ist also leicht zu verstehen, warum diese beiden Menschen einander begegnet sind: Giacinto war auf der Suche nach dem Element Wasser, um Verbindung zu bekommen zu tiefen Gefühlen, und nach dem Feuer, um sein Innerstes zu erwärmen. Für Nicla war es nötig, sich dem Element Luft zu nähern, um unabhängig zu werden – dies stellte in ihrer Jugend einen Konflikt für sie dar (Sonne in Opposition zu Uranus). Sie wuchs in einer Familie auf, in der der Vater jegliches Freiheitsbedürfnis der beiden Töchter unterdrückte. Erst nach der Hochzeit und mit Hilfe ihres sehr liberal gesinnten Mannes gelang es ihr, sich als Individuum zu erleben und die Freiheit zu genießen, die sie bei ihrem Mann fand.

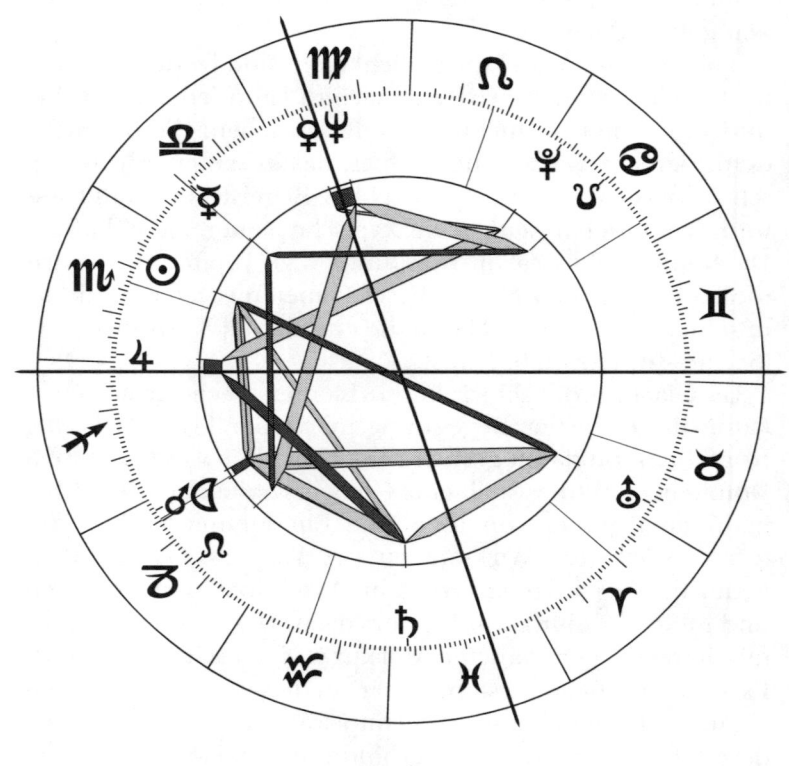

Radix
Nicla

4. Elemente, die im Horoskop gleich stark vertreten sind

In manchen Horoskopen finden wir zwei Elemente, die dominierend und gleich stark vertreten sind. Dann kann es vorkommen, daß der betreffende Mensch keine Möglichkeit findet, beide Elemente in seine Persönlichkeit zu integrieren, sondern nur eines selbst lebt und das andere projiziert. Dies tritt vor allem in einem besonderen Fall auf: wenn ein Element von den persönlichen Planeten und dem Aszendenten besetzt ist, das andere von den langsamen Planeten. Letzteres ist in der Persönlichkeit schwächer ausgeprägt als das Element, in dem sich die schnellen Planeten und der Aszendent befinden. Diese beeinflussen den Charakter in aktiver Weise, während die langsamen Planeten nur dann zur Wirkung gelangen, wenn sie dominieren oder in Beziehung zu den persönlichen Planeten oder dem Haus stehen, das diese besetzen. Es wird also immer das Element projiziert werden, in dem die langsamen Planeten stehen. Es kann auch zur Projektion kommen, wenn Saturn zu den Planeten gehört, die sich in diesem Element befinden. Seine Stellung nach Zeichen, Haus und Element weist auf die Eigenschaften oder Verhaltensweisen hin, die der Betreffende nicht annehmen oder integrieren kann, die er also ablehnt oder die besonders starke Abneigung in ihm hervorrufen.

Nun ein Beispiel: Im Horoskop *Helenas* sind die Elemente Feuer und Wasser dominant; Sonne, Venus und Jupiter stehen in Wasserzeichen, Mond, Mars und Neptun in Feuerzeichen. Jupiter ist dominant, in Konjunktion zum Deszendenten, und da er Herrscher des Schützen ist, stellt dies einen Pluspunkt für das Element Feuer dar. Aus dem Gespräch mit Helena ging hervor, daß sie dazu neigt, das Element Feuer auf andere Menschen zu projizieren. Deshalb hat sie bisher nur junge Männer mit einer starken Widder-Schütze-Komponente kennengelernt. Dies sicherlich auch deshalb, weil Jupiter sich in Konjunktion zum Deszendenten befindet, der in einem Geburtshoroskop die anderen Menschen symbolisiert. Stünde Jupiter in Konjunktion zum Aszendenten, so hätten wir vermutlich eine andere Situation: Helena würde

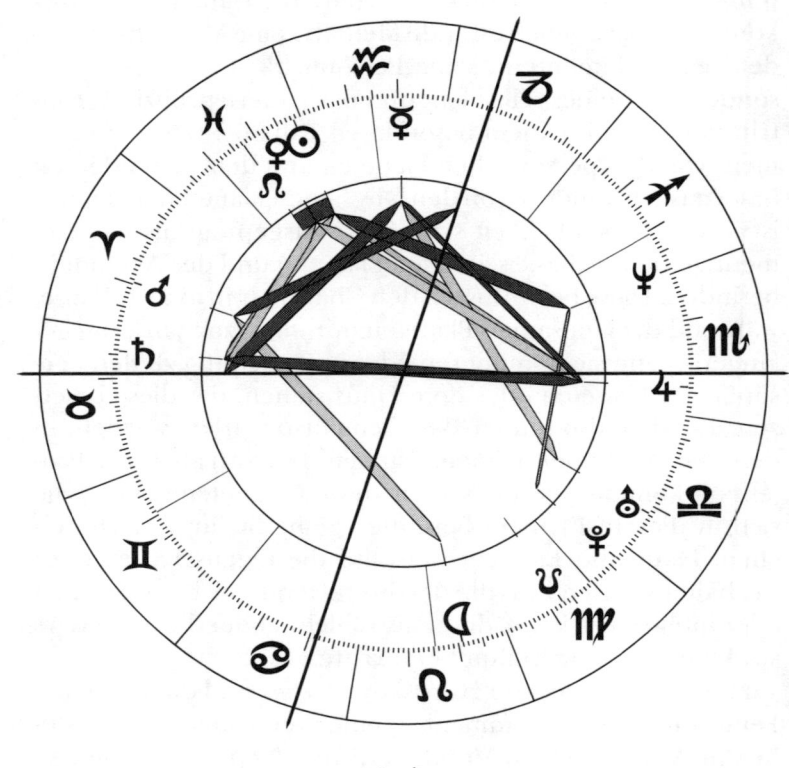

Radix
Helena

die Jupiter- und Feuereigenschaften selbst ausleben. Die Widder-Qualitäten ihrer Freunde werden in ihrem Horoskop aber durch die Stellung von Mars in diesem Zeichen ausgedrückt. Mars im weiblichen Horoskop stellt, wie wir bereits wissen, das Bild des Mannes dar, zu dem sich die betreffende Frau hingezogen fühlt.

Helenas Freunde hatten immer versucht, sie zu beherrschen und ihr Wesen zu formen. Helena, die wie alle Fischegeborenen Unterstützung und Schutz braucht, ließ sie gewähren – bis zu einem gewissen Punkt: Dann wurde ihr Mond im Löwen im Trigon zu Mars wirksam, und es kam zu Auseinandersetzungen. Sie begann um ihre Autonomie zu kämpfen, und die Beziehungen gingen in die Brüche.

Menschen mit Feuerdominanz im Horoskop neigen wie die Freunde Helenas oft dazu, ganz im Stile Pygmalions, den Partner nach ihren Wünschen und Vorstellungen formen zu wollen. Sie machen unzählige Vorschläge, die aber oft Befehlen gleichkommen. Sie haben eine innere Vorstellung davon, wie ihr eigenes Leben oder wie der ideale Liebespartner beschaffen sein sollte. Diese Wunschbilder sind so lebhaft und ausgeprägt, daß die Horoskopeigner sich kaum davon lösen können und versuchen, mit allen zur Verfügung stehenden Kräften Situationen und Partner, die ihren Vorstellungen nicht entsprechen, dennoch nach ihren Wünschen zu formen und zu gestalten. Dabei sind sie geradezu unermüdlich. Meist aber sind sie mit dem Ergebnis unzufrieden, denn insgeheim verachten sie Menschen, die sich so beeinflussen lassen. Treffen sie aber stolze und dominante Menschen, die auch von Feuerzeichen geprägt sind, so wird das Leben zu zweit zum ständigen Kampf: Jeder will den anderen unterdrücken und sich gleichzeitig vor den Ansprüchen des anderen schützen.

Unter dem Einfluß eines stolzen Löwe-Mondes wird Helena sich behaupten können, auch wenn anfangs die Sonne in den Fischen ihre Passivität und Beeinflußbarkeit fördert. Wenn sie in ihrer Persönlichkeit die Eigenschaften von Mars in Widder zur Entfaltung bringt, so wird sie sich von niemand mehr etwas aufzwingen lassen. Vielmehr könnte es dazu kommen, daß Helena schließlich versucht, ihren Partner zu beherrschen und nach ihren Wünschen zu verändern!

5. *Planeten in einem oder mehreren Spannungsaspekten*

Manche Menschen verdrängen einen oder mehrere Planeten, die in schwierigen Konstellationen stehen. Dies vor allem, wenn die Energie dieser Planeten nicht in Einklang mit dem gesamten Horoskop steht. Stephan Arroyo erwähnt in »Astrologie, Karma und Transformation« zu Recht, daß Spannungsaspekte zwischen Sonne und Pluto oder auch Mars und Pluto schwieriger in die Persönlichkeit zu integrieren sind, wenn sie in einem weiblichen Horoskop auftreten, als in einem männlichen: die rohe männliche Kraft dieser Konstellation (vor allem Mars–Pluto) paßt schlecht zum weiblichen Wesen und zu dem, was man von einer Frau erwartet.[12] In den meisten Fällen, die ich kennenlernte, wurde deshalb Pluto, wenn er sich in Aspekt zur Sonne befand, oder – im Falle von Mars–Pluto – gleich die gesamte Konstellation verdrängt und auf den Partner projiziert, der natürlich eine stark plutonisch gefärbte Persönlichkeit hatte und als »Sündenbock« für die negativen Seiten dieser Planeten oder der Konstellation diente. Oft handelte es sich um Horoskopeignerinnen, deren Charakter die angenehmen Seiten von einfacheren Konstellationen aufwies, wie zum Beispiel Mond–Jupiter oder Mond–Venus, Positionen in Venus- oder Wasserzeichen. Diese Frauen hatten sehr weibliche, oft passive Verhaltensweisen und verdrängten ihre dunklen, heftigen Seiten vollständig.

Zu einer gleichen Verdrängung kann es kommen, wenn in männlichen Horoskopen eine mit weiblichen Eigenschaften »geladene« Konstellation auftritt, zum Beispiel Mond–Venus in Spannungsaspekt zu Sonne oder Mars. Weist das Horoskop eine starke männliche Betonung auf, wie zum Beispiel im Falle eines Übergewichts von Mars- oder Widder-Einflüssen, die den Eigner sehr stolz auf sein männliches Wesen sein lassen, wird die Partnerin dieses Mannes wahrscheinlich die Mond–Venus-Eigenschaften verkörpern und er selbst die männlichen Komponenten ausleben. Die sanfte und empfindsame Partnerin wird später vielleicht von der Härte und Gefühllosigkeit des Partners enttäuscht sein, der dann unfähig ist, den Reichtum an Gefühlen und Emotionen zum Ausdruck zu bringen, da er ihn leider verdrängt.

Im vorliegenden Fall hält die Horoskopeignerin die Planeten Mars und Uranus (in Spannungsaspekt zur Sonne) unbewußt für gefährliche Energien. *Carola* hat die Sonne im Löwen in Konjunktion zu Uranus, und beide stehen im Quadrat zu Mars im Stier. Diese Dreier-Konstellation ist als dominant zu werten, da Sonne und Uranus sehr nahe am Immun coeli und in Sextil zum Aszendenten stehen, während Mars ein Quadrat zum Medium coeli bildet. Die Verdrängung der Planeten wird durch ihre Stellung in den Häusern erleichtert, die mit dem Unbewußten in Verbindung stehen und ihre Energie schwächen (4. und 12. Haus).

Carola hat sich immer traditionellen Mustern entsprechend verhalten und alles abgelehnt, was außerhalb vorgegebener Schemata lag (Uranus). Sie hat versucht, ihr Leben auf eine sichere Grundlage zu stellen und die Eigenschaften der Sonne im Löwen, von Mars im Stier und von Saturn im 7. Haus entwickelt und sich dabei bemüht, so angepaßt wie möglich zu leben. Auch fürchtet sie alles, was sie für gefährlich und riskant hält (Mars–Uranus), erschreckt oft, wenn die Kinder spielen, hatte Angst um ihren damaligen Mann, wenn dieser zum Bergsteigen ging. Die Konstellation Mars–Uranus wird von ihr nur in Form von phobischen Ängsten gelebt, wie zum Beispiel ihrer Angst vor Vögeln. Dabei ist es interessant, daß die Vögel in ihrem Flug Symbole der Freiheit sind und daher mit Uranus in Verbindung gebracht werden.

Carola konnte natürlich nur einen uranusbetonten Menschen zum Mann wählen. Dieser Planet am Aszendenten im Trigon zu Mars, im Quadrat zu Jupiter und in Opposition zu Venus ist im Horoskop Micheles (Wassermann) von großer Bedeutung.

Dieser Mann verkörpert die Eigenschaften von Wassermann und Uranus. Er ist unkonventionell, lebhaft, ein biß-

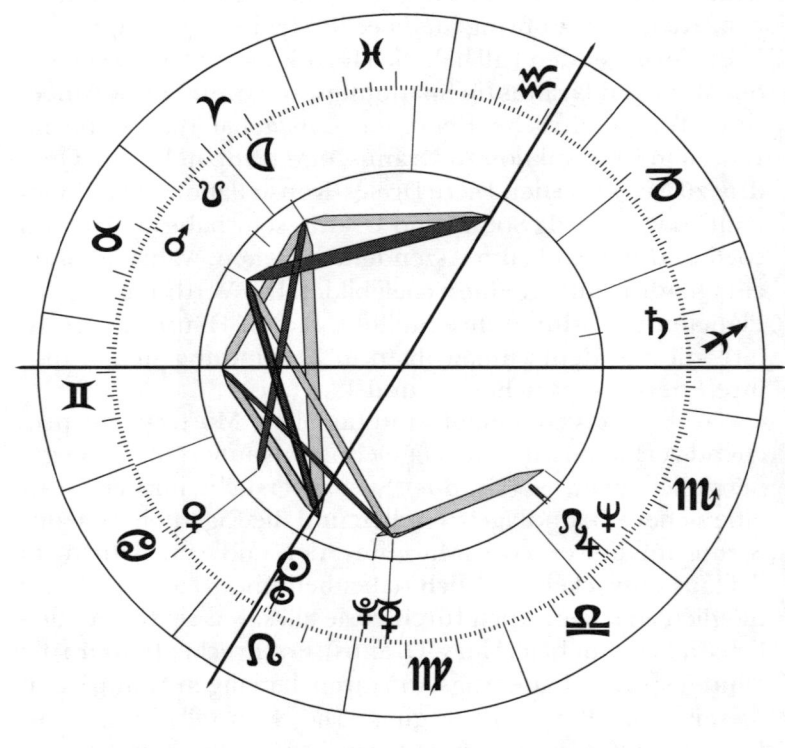

Radix
Carola

chen verrückt, liebt die Freiheit, das Unvorhersehbare, das Risiko (Mars im Trigon zu Uranus). Gefährliche Situationen findet er unterhaltsam und anregend – eines seiner Hobbies ist das Bergsteigen. Beide Partner haben die gleiche Planetenkonstellation (Mars–Uranus). Im Horoskop Micheles bilden sie ein Trigon, in dem seiner Frau ein Quadrat. Dies ist ein wichtiger Unterschied. Spannungsaspekte zwischen diesen beiden Planeten führen oft zu einer Blockierung gegenüber allem, was riskant sein könnte. Die betreffenden Menschen sind sehr vorsichtig, gerade weil sie in sich eine starke und oft ungebändigte Energie verspüren. Ließen sie dieser Energie freien Lauf, würden sie sich ihr ausgeliefert fühlen. Sie ziehen es daher vor, sie zu verleugnen und jede Gefahr und jedes Risiko zu vermeiden.

Die Ehe zwischen Michele und Carola überdauerte – in ständigem Spannungszustand – acht Jahre, wobei ihre Beziehung schon vor der Heirat bestanden hatte. Der waghalsige und unbeständige Michele suchte Stabilität und Sicherheit (Venus im Steinbock im Quadrat zu Saturn), während Carola unbewußt versuchte, in dieser Verbindung die Konstellation Uranus–Mars auszuleben. Da sie selbst aber Saturn im 7. Haus hatte, suchte sie eine weniger bewegte Beziehung, viel Sicherheit und einen Partner mit mehr Verantwortungsgefühl. In all diesen Jahren sind sie einander nie wirklich »begegnet« und konnten einander nie das geben, was sie brauchten. Carola versuchte, die Freiheit und die ständige besessene Suche nach Neuem bei ihrem Mann zu beschränken, indem sie ihm fürchterliche Szenen machte; er wiederum tat alles, um sie zu erschrecken, und unterminierte durch seine ständigen Veränderungen ihr Bedürfnis nach festen Strukturen in der Partnerschaft (Saturn im 7. Haus).

Ich bin der Ansicht, daß sie nun nach ihrer Trennung (falls sie nicht mit anderen Partnern die gleichen Beziehungsmuster wiederholen) gezwungen sein werden, die Konstellationen, die sie bisher nur über ihren Partner gelebt haben, in ihre Persönlichkeit zu integrieren. Carola wird sich mit der Energie von Uranus–Mars auseinandersetzen müssen, und Michele wird lernen müssen, seine Venus im Steinbock im

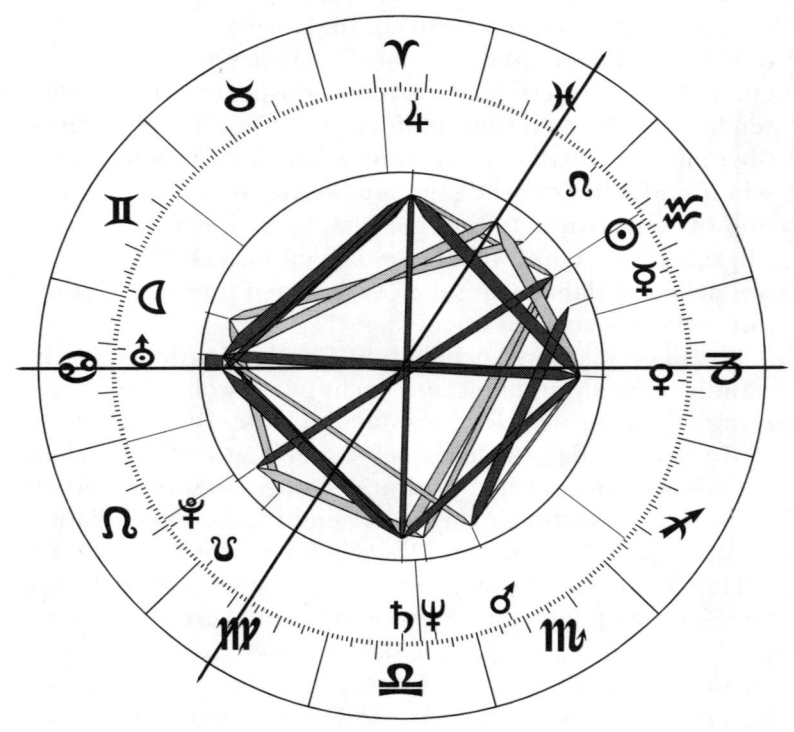

Radix
Michele

Quadrat zu Saturn zu leben. Der erste Kontakt mit diesen
Energien kann natürlich Probleme bereiten, doch werden sie
langsam lernen, mit diesem Potential umzugehen und bisher
verborgene Eigenschaften in sich zur Entfaltung zu bringen.

6. Isolierte Planeten

Die Energie von isolierten und unaspektierten Planeten ist
zuweilen schwächer als die von Planeten, die einen oder mehrere Aspekte bilden. So zum Beispiel, wenn ein Planet nicht
aspektiert ist und sich in einem Zeichen befindet, das nicht zu
ihm paßt, oder wenn er sich im Fall oder im Exil befindet.
Vom Eigner wird er dann wahrgenommen, wenn er in seinem Domizil steht, erhöht ist oder ins 1. Haus fällt. Der Planet kommt dann am besten zur Wirkung, wenn er in Zeichen
steht, die ihm entsprechen, oder im 1. Haus, welches das bewußte Ich darstellt. Wird der Planet verdrängt oder nur an-
läßlich von Transiten gelebt, die ihn aktivieren, trifft der Eigner unter dem Einfluß solcher Transite auf Menschen, die
ihm die Kontaktaufnahme mit diesem Planeten erleichtern
sollen.

Wenn wir durch einen Transit mit einem isoliert stehenden Planeten konfrontiert werden, so kommen wir in den
meisten Fällen mit seiner Energie in Berührung und können
diese danach nur schwer wieder verdrängen. Dabei ist es un-
wichtig, ob wir diese Energie über einen Partner leben oder
sie unabhängig von einer Beziehung in unsere eigene Persönlichkeit integriert haben.

Als Beispiel möchte ich wieder Giacinto und Nicla nennen
(siehe Horoskope auf S. 80 und S. 82): Giacinto steht unter
dem Einfluß der Elemente Luft und Erde und hat wenig vom
Element Wasser in seinem Horoskop. Dadurch kann er Gefühle und Emotionen sehr schwer zum Ausdruck bringen.
Ein weiterer Faktor wirkt noch verstärkend auf diese Problematik: Venus steht im 7. Haus und ist, abgesehen von einer
sehr weiten Konjunktion mit Pluto, nicht aspektiert. Wir
können also davon ausgehen, daß Giacinto den Planeten des
Gefühlsausdrucks in seiner Partnerin sucht. Im Horoskop

seiner Frau befindet sich Venus tatsächlich in dominanter Stellung in Konjunktion zum Medium coeli, zu Neptun und in Trigon zum Mond. Diese Konstellationen sind in Niclas Persönlichkeit deutlich zu erkennen. Sie ist empfindsam und verwundbar, ein wenig sentimental, weiblich, anziehend und besitzt Sex-Appeal.

Beide haben eine für Venus in Jungfrau (Nicla) und Venus in Krebs (Giacinto) typische Leidenschaft gemeinsam: die Liebe zu den Tieren, vor allem Hunden und Katzen. In der Liebe zu diesen Haustieren und auch zu streunenden Tieren und der Pflege, die sie ihnen angedeihen lassen, lebt Giacinto gemeinsam mit seiner Frau die Venus-Seite seiner Persönlichkeit aus; seine Empfindsamkeit und Zärtlichkeit, die bei anderer Gelegenheit keinen spontanen Ausdruck finden können, werden im Kontakt zu den Tieren voll ausgelebt.

Ein weiteres Beispiel liefert uns nochmals *Carolas* Horoskop (siehe S. 88). Ihr Saturn im 7. Haus steht isoliert. Sie sucht in ihren Beziehungen stabile und gut strukturierte Verhältnisse. Da sie dies in der Ehe mit Michele nicht erleben konnte, hat sie in all den Jahren versucht, selbst die Rolle Saturns in der Partnerschaft und der Kindererziehung zu übernehmen. Saturn ist in ihrem Horoskop aber eher schwach gestellt, und sie konnte ihn nicht wirklich in seiner ganzen Bedeutung ausleben, sondern häufig nur auf zwanghafte Art und Weise. Saturn verstärkte ihre Ängste und Blockierungen. Auch hier gilt, was ich bereits über Uranus–Mars geschrieben habe: die Trennung von ihrem Partner Michele könnte ihr in Zukunft die Möglichkeit eröffnen, die Energie dieser drei Planeten positiv zu leben und zu integrieren. Wenn es ihr gelingt, sie selbst auszuleben, wird sie sicherlich Gelegenheit haben, einem Menschen zu begegnen, der durch diese Planeten geprägt ist; einen originellen, einfallsreichen und selbstbestimmten Mann, der ihr aber gleichzeitig auch die Sicherheit und den Schutz bietet, die sie so sehr braucht, und mit dem sie Möglichkeit hat, eine Beziehung auf verantwortlichere Weise zu gestalten.

In einer Beziehungsanalyse müssen wir uns nach der Untersuchung aller für Projektionen in Frage kommenden Faktoren noch mit anderen wichtigen Punkten in den Einzelhoroskopen befassen.

Dies sind:
- die Position Saturns und seine Aspekte;
- Planetenaspekte oder -positionen, die in beiden Horoskopen auftreten;
- Planeten, die in beiden Horoskopen dominant sind.

Wir müssen auch darauf achten, ob die beiden Partner sehr auf sich selbst konzentriert sind. In diesem Falle werden wir die meisten Planeten links vom Meridian finden. Sind die Betreffenden hingegen anderen Menschen gegenüber eher offen, stehen die meisten Planeten rechts vom Meridian. Bei introvertierten Menschen, die sich gerne in sich zurückziehen, befinden sich die Planeten unterhalb des Horizonts; stehen viele Planeten oberhalb des Horizonts, so ist dies ein Zeichen für eine extravertierte Persönlichkeit. Dies vier Grundhaltungen, die einander gegenüberstehen, ergänzen einander: die Introvertierten ziehen die Extravertierten an, wer auf sich selbst konzentriert ist, zieht das Gegenteil an. Diese Regel ist besonders dann zu beachten, wenn auch andere Faktoren des Horoskops diese Eigenschaften bestätigen. Eine Person, die viele Planeten unterhalb des Horizonts hat, die aber in den Zeichen Widder, Zwillinge oder Löwe konzentriert sind, können wir schwerlich als introvertiert bezeichnen. Es gibt in der Astrologie keine endgültigen Regeln für die Auslegung. Bevor man eine Aussage trifft, muß man alles, was diese Aussage stützt, was sie modifiziert, verändert oder ungültig macht, Punkt für Punkt untersuchen und abwägen.

Saturn im Einzelhoroskop

Die Analyse des Planeten Saturn im Einzelhoroskop ist in der Partnerschaftsastrologie von größter Wichtigkeit für das Verständnis von Blockierungen, Ängsten und Grenzen des einzelnen in seinen Liebesbeziehungen. Anhand der Häuserstellung von Saturn können wir erkennen, wovor wir erschrecken, was uns lähmt und in welchen Situationen wir nicht spontan oder wann wir vorsichtig handeln. Die Aspekte Saturns zu den schnellen Planeten weisen auf unsere Konflikte und charakterlichen Neigungen hin, die wir oft schon in der Kindheit erworben haben und die uns gehörig zu schaffen machen, weil sie uns eben mit unseren Unsicherheiten und Ängsten konfrontieren.

Nehmen wir als ein hypothetisches Beispiel zwei Personen: Person A hat Saturn im 4. Haus oder im Spannungsaspekt oder Konjunktion zum Mond. Es fällt ihr schwer, die eigenen Gefühle spontan auszudrücken und zu leben. Ist die Nähe zu groß, treten Blockierungen auf – dabei hat sie eine große Sehnsucht danach, geliebt und akzeptiert zu werden, kann dies aber nicht mitteilen, sondern reagiert eher abweisend, wenn Gefühle ins Spiel kommen. Die große Angst davor, verlassen zu werden oder Liebe und Zuneigung zu verlieren, führen zu Blockierungen, die es ihr unmöglich machen, sich fallenzulassen und einem Partner hinzugeben. Person B hingegen hat keine wichtigen Saturnaspekte aufzuweisen. In ihrem Horoskop dominiert deutlich das Element Wasser, sie braucht viel Wärme, Zuneigung, Nähe und Sicherheit und verlangt ständig nach Bestätigungen für diese Zuneigung. Im Grunde benötigen beide das gleiche; der Partner A mit dem starken Saturn kann dies lediglich nicht ausdrücken und ist sich seiner Bedürfnisse nicht bewußt. Anstatt sich hinzugeben, zieht er sich zurück und hinterläßt beim Partner oder der Partnerin den Eindruck, nicht wichtig zu sein und nicht genug Zuneigung zu bekommen. Der wasserbetonte Partner B fühlt sich dann oft abgelehnt, kann das Bedürfnis der geliebten Person nach häufigem Rückzug nicht verstehen. Er selbst braucht so viel Nähe und würde gerne den Großteil seiner Zeit mit dem geliebten Menschen verbringen. Im genannten Fall würden Konflikte und Mißverständnisse natürlich immer dann entstehen, wenn die unterschiedlichen seelischen Bedürfnisse aufeinandertreffen und beide Partner sich unverstanden und frustriert fühlen.

Ein weiterer Grund für Frustrationen kann sich dann ergeben, wenn zum Beispiel einer der Partner Saturn im Spannungsaspekt oder Konjunktion zu Merkur oder im 3. Haus hat, während beim anderen Merkur in denjenigen Zeichen steht, die die intellektuellen Fähigkeiten stimulieren. Partner A wird sich dann dumm und ungebildet vorkommen und dem anderen gegenüber Minderwertigkeitsgefühle entwickeln. Partner B seinerseits wird das Gefühl entwickeln, daß A im Denken doch sehr langsam ist, und wenn sie sich in Gesellschaft befinden und mit Freunden diskutieren, wird er sich vielleicht seiner schämen und ihn als unterlegen betrachten.

Als drittes Beispiel wäre die venusbetonte Frau zu nennen, die Feste liebt und gerne mit Menschen zusammen ist, die auch ein bißchen frivol sein kann und die den typischen »Brummbären« geheiratet hat. Dieser ist wortkarg und kann oberflächliche Zerstreuungen und frivole Vergnügungen nicht leiden. Sein Saturn ist sehr dominant, vielleicht steht er im Aspekt zur Sonne, im 5. Haus oder im Aspekt zu den Achsen. Auch einem solchen Paar wird es an Gelegenheiten zur Frustration nicht mangeln.

Steht Saturn in solchen Positionen, so kann man nicht mit Sicherheit sagen, ob die Horoskopeigner ihre Verständnisschwierigkeiten überwinden und lernen können, die Enttäuschung des anderen zu verstehen, oder ob sie immer mehr Barrieren zwischen sich aufbauen werden. Dazu möchte ich noch ein Beispiel aus meiner Klienten-Datei anführen:

Die Frau hat Mond im 4. und Saturn im 5. Haus, während beim Mann die Sonne im 5. und Saturn im 4. Haus stehen. In einem solchen Fall können die Partner, wenn sie es wollen, durch den anderen lernen, ihrem eigenen Saturn zu vertrauen. Der Mond der Frau steht in dem Haus, dessen Herrscher er ist, sowie in einem Wasserzeichen, dem Skorpion. Sie lebt Gefühle auf eine ganz natürliche Weise aus und kann sich ihnen hingeben. Beim Mann hingegen steht die Sonne in einem Feuerzeichen, und die Sonne ist auch Herrscherin des 5. Hauses. Er könnte der Partnerin helfen, ohne Hemmungen und Unsicherheiten ihrer Kreativität Ausdruck zu verleihen und auch, das Leben ein wenig leichter zu nehmen. Er dagegen könnte durch sie die Welt der Gefühle kennenlernen, könnte lernen, sich gehenzulassen und die Kontrolle über seine Gefühle zu lockern, zu der Saturn im 4. Haus ihn zwingt. Bei echtem Wollen und gegenseitiger Hilfe können in einer Beziehung bestimmte Blockierungen überwunden werden. Die beiden Partner können sich selbst vertrauen lernen und sich dem Menschen, mit dem sie ihr Leben teilen möchten, weiter öffnen.

Die Übereinstimmung

Aspekte und Positionen, die in beiden Einzelhoroskopen auftreten; ähnliche Konstellationen:

Bevor wir die interplanetarischen Aspekte zwischen den beiden Horoskopen untersuchen oder ein Composit erstellen, ist es von höchster Wichtigkeit, die beiden Einzelhoroskope zu analysieren. Befassen wir uns nur mit der Synastrie, können wir leicht einen Irrtum begehen, indem wir uns von den wunderschönen Aspekten des Partnervergleichs beeinflussen lassen, die auf wechselseitige Anziehung und Zuneigung schließen lassen, und könnten zu dem voreiligen Schluß kommen, daß diese beiden Personen wie geschaffen füreinander sind. Die Betrachtung der Einzelhoroskope könnte aber das Gegenteil ergeben. Es kann daraus hervorgehen, daß die beiden Menschen absolut nichts oder wenig gemeinsam haben oder daß ihre Bedürfnisse und Interessen ganz unterschiedlich sind. In diesem Fall würden die Aspekte in der Synastrie zwar eine Anziehung zwischen den beiden Personen wecken und sie möglicherweise dazu bewegen, eine Beziehung einzugehen. Im Zusammenleben aber könnten diese Unterschiede und gegensätzlichen Bedürfnisse zu Langeweile, Mißverständnissen und leidvollen Erfahrungen führen. Wenn nicht ein Minimum an gemeinsamen Interessen vorhanden ist, wird eine Beziehung oder Ehe schnell langweilig werden, und die Partner entfernen sich unweigerlich voneinander und suchen vielleicht andere Menschen außerhalb der Beziehung, denen sie sich verwandt fühlen. Dazu kann es auch dann kommen, wenn die Analyse der Einzelhoroskope ausschließlich seelische Gemeinsamkeiten ergibt, nichts Ergänzendes und keine Kontraste. Die beiden Sprichwörter »Gleich und Gleich gesellt sich gern« und »Gegensätze ziehen sich an« treffen beide zu. Um ein gewisses Maß an Harmonie zu erreichen, müssen wir einander ein wenig ähnlich sein, aber einander auch ergänzen.

Um festzustellen, wo die Übereinstimmungen liegen, müssen wir in den Horoskopen der Partner gemeinsame oder ähnliche Aspekte und Positionen suchen. Hat einer von ihnen Merkur im Trigon zu Venus und im Horoskop des anderen besteht die gleiche Konstellation oder befinden sich die beiden Planeten im Sextil oder in Konjunktion zueinander, so können wir sagen, daß diese zwei Menschen ähnliche Charaktereigenschaften besitzen: Beide können ihre Gefühle und das, was ihnen am Herzen liegt, gut mitteilen. In einer Liebesbeziehung sind ihnen Kommunikation und geistige Anregung wichtig, sie schreiben gerne und drücken sich gewählt aus.

Noch ein anderes Beispiel: beide Monde stehen im gleichen Element oder im gleichen Zeichen – dies deutet auf eine seelische und gefühlsmäßige Verwandtschaft hin. Wir stoßen immer auf Übereinstimmungen, wenn zwei Planeten in den Horoskopen ähnliche Aspekte bilden, in den gleichen Zeichen oder Elementen stehen oder die Horoskope den gleichen Herrscher haben.

Natürlich bedarf es mehrerer Übereinstimmungsfaktoren, damit zwei Menschen sich miteinander wohl fühlen. Es gilt aber auch als ein Zeichen von Übereinstimmung, wenn beide Partner unter den gleichen Konflikten oder Spannungen leiden. In diesem Fall würden sich die gleichen spannungsgeladenen Aspekte oder Konstellationen finden lassen: Bei einem Partner findet sich beispielsweise ein Quadrat zwischen Venus und Pluto, beim anderen eine Konjunktion zwischen diesen Planeten; dann handelt es sich um Personen, die ein extremes Bedürfnis nach starken, tiefgehenden und intensiven Empfindungen haben. Ihr Verlangen nach Liebe ist unersättlich.

Wenn jedoch einer der Partner eine spannungsgeladene Konstellation zwischen zwei Planeten hat, der andere aber ein Trigon oder Sextil zwischen den gleichen Planeten, so bringen diese zwar das gleiche Thema »an die Oberfläche«, es wird aber von beiden Partnern in unterschiedlicher Weise gelebt. Eine meiner Klientinnen hat ein Quadrat zwischen Sonne und Uranus – sie pflegte immer alles im voraus zu planen und konnte unvorhergesehene Ereignisse nicht leiden. Außerdem hatte sie Angst vor Unfällen, reiste nie mit dem Flugzeug, und jede Autofahrt versetzte sie in Angstzustände. Sie verliebte sich – natürlich! – in einen Mann, in dessen Horoskop Uranus in Trigon zur Sonne stand. Nach den anfangs beträchtlichen Schwierigkeiten gelang es der Klientin mit Hilfe ihres Partners, sich auch einmal von etwas Neuem überraschen zu lassen (zwar immer noch nicht ganz angstfrei), und sie konnte sich sogar zu einer Flugreise nach Griechenland entschließen!

Die Horoskope von Lidia und Paul (siehe S. 42 u. S. 44) sind ein gutes Beispiel, um meine bisherigen Überlegungen zu veranschaulichen, weil sowohl viele Übereinstimmungen als auch ergänzende Faktoren in den Horoskopen auftreten. Ihre Beziehung verläuft auf eine recht konstruktive Weise – im Gegensatz zu den Partnerschaften vieler anderer Menschen, die mich aufsuchen.

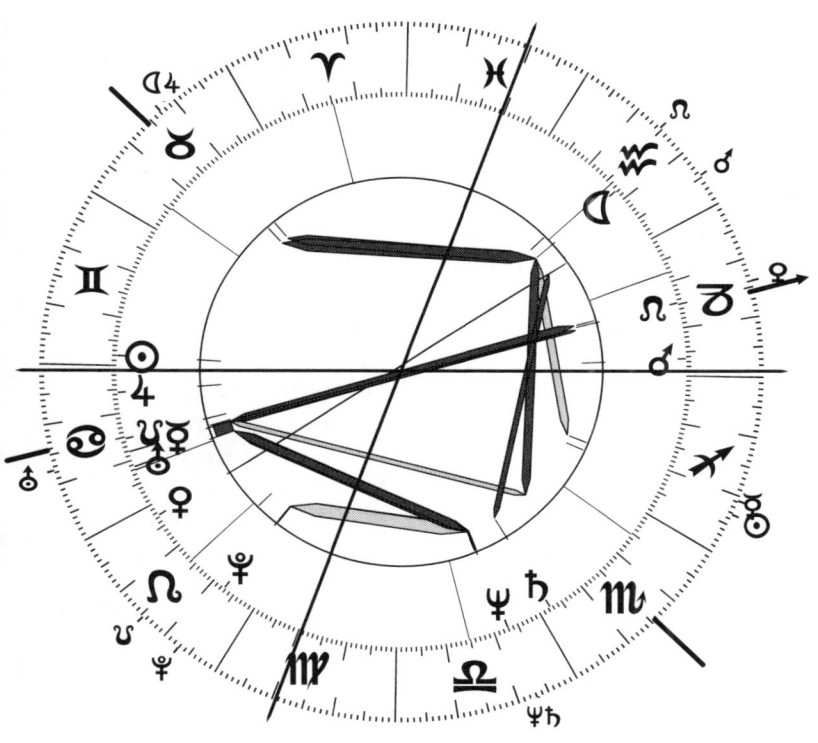

Synastrie
Lidia/Paul

Lidia	Paul

Gemeinsamkeiten

Lidia	Paul
Sonne in den Zwillingen	Sonne Konjunktion Merkur
Sonne Opposition Mars	Sonne im Sextil zu Mars
Jupiter dominant	Sonne im Schützen
Mars im Steinbock	Aszendent und Venus im Steinbock
Jupiter dominant	Jupiter dominant

Ergänzende Faktoren

Lidia	Paul
Sonne in den Zwillingen	Sonne im Schützen
Mars dominant	Venus dominant
Mond fast unaspektiert	Mond dominant
Aszendent Krebs	Aszendent Steinbock
Deszendent Steinbock	Deszendent Krebs
Sonne dominant	Mond dominant
Sonne Konjunktion Jupiter	Mond Konjunktion Jupiter
Element Erde schwach besetzt	Element Wasser schwach besetzt
Wasser/Luft dominant	Erde/Feuer dominant

Gegensätze

Lidia	Paul
Mond im Wassermann	Mond im Stier
Venus Quadrat Saturn	Venus Trigon Jupiter

Ergibt die Analyse der beiden Geburtshoroskope sehr wenig Übereinstimmungen oder Ergänzungen, aber viele kontrastierende Elemente, so kann die Beziehung wie bei *Alda* und *Mario* sehr problematisch werden und auch zu einer Trennung oder Entfernung voneinander führen. Im vorliegenden Fall handelt es sich um eine »innerliche Trennung«: Die Ehepartner leben noch zusammen, weil die Kinder noch klein sind und keiner von beiden bisher den Mut gefunden

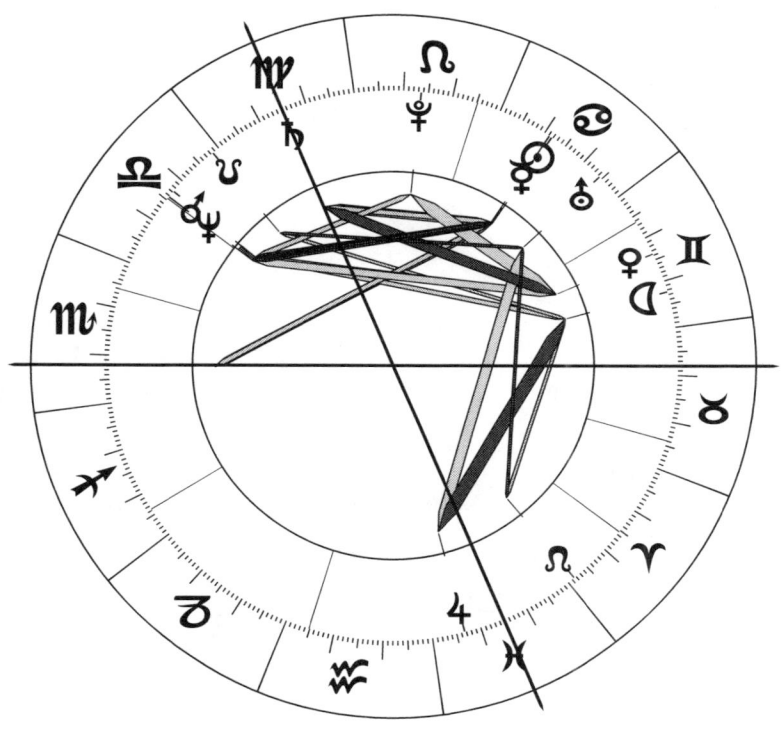

Radix
Alda

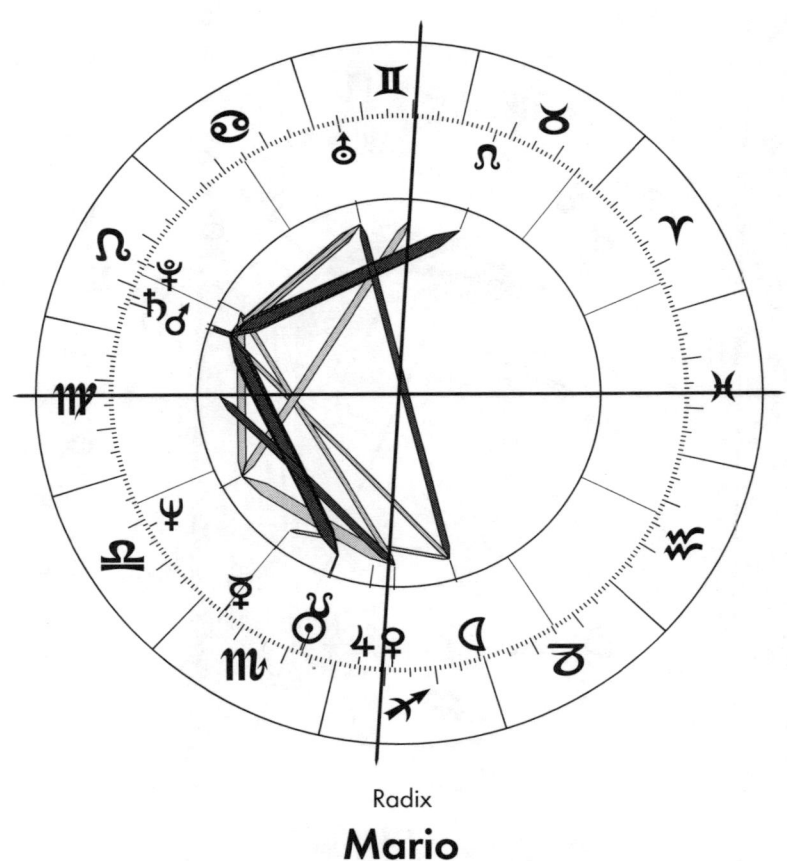

Radix

Mario

hat, die Beziehung zu beenden, obwohl sie gefühlsmäßig bereits abgeschlossen ist. Alda ist im kulturellen Bereich aktiv, sie interessiert sich für Esoterik und Psychologie. Mario hingegen ist sportbegeistert, lebt gerne in der Natur und hat kaum kulturelle Interessen. Beide gehen ihren Aktivitäten nach und schließen den anderen aus dem eigenen Interessensbereich aus. Alda erzählte mir, daß sie sich schon seit dem Beginn ihrer Ehe mehr Nähe und Zärtlichkeit wünschte, dies aber in der Beziehung zu ihrem Mann nicht finden konnte, bis sie sich nach vielen Ehejahren in einen jüngeren Mann verliebte, in dessen Horoskop das Element Wasser dominiert. Bei Betrachtung der Konstellationen in den Horoskopen von Mario und Alda wird uns klar, warum sie von ihrem Partner nicht genügend Zärtlichkeit bekam: Alda ist Krebsgeborene, mit dem Mond in Konjunktion zu Venus im 7. Haus. Diese Konjunktion weist darauf hin, daß sie ein starkes Bedürfnis nach Nähe und Zuneigung verspürt, dieses aber unbefriedigt bleibt, weil sie unter dem Einfluß ihrer Venus im Quadrat zu Saturn unbewußt einen Partner gewählt hat, der sie in dieser Hinsicht nicht zufriedenstellen kann. Mario hat in seinem Horoskop Venus im 4. Haus und den Mond in Opposition zu Uranus, die Sonne steht im Quadrat zu Saturn. Vermutlich hat er in seiner Kindheit selbst an einem Mangel an Zuneigung gelitten und war durch eine allzu strenge Erziehung nicht in der Lage, Vertrauen in seine Gefühle zu entwickeln. Die Fähigkeit, Wärme zu geben, wie dies für die Venus–Jupiter–Konstellation in seinem Horoskop eigentlich typisch wäre, blieb ihm versagt.

Alda	Mario

Übereinstimmung

Sonne im Element Wasser	Sonne im Element Wasser
Aszendent im Skorpion	Sonne im Skorpion
Sonne Quadrat Mars	Sonne Quadrat Mars

Ergänzende Faktoren

Mond in den Zwillingen	Mond im Schützen
Element Feuer schwach besetzt	Element Feuer dominant
Element Luft stark besetzt	Element Luft schwach besetzt

Gegensätze

Mars Konjunktion Neptun	Mars Konjunktion Saturn
Mond Konjunktion Venus	Mond Opposition Uranus
Sonne im Krebs	Sonne Quadrat Saturn
Saturn dominant	Venus und Jupiter dominant
Saturn in der Jungfrau	Aszendent in der Jungfrau
(= Ablehnung der Jungfraueigenschaften)	
Venus Quadrat Saturn	Venus Konjunktion Jupiter

Dominante Planeten im Geburtshoroskop

Weisen die Horoskope der Partner die gleichen dominanten Planeten auf, stellt dies ein Element der Übereinstimmung dar. Wenn zum Beispiel in beiden Fällen Mars im Aspekt zu den Achsen steht (Aszendent, Deszendent, Medium coeli, Immum coeli), so handelt es sich um zwei aktive, dynamische und unabhängige Menschen, die kein ruhiges und seßhaftes Leben führen wollen. Sind die dominanten Planeten sehr unterschiedlich, werden die Personen unterschiedliche Bedürfnisse haben und in ihren Charaktereigenschaften nicht übereinstimmen. Handelt es sich bei dem einen Partner um Venus, beim anderen um Pluto als Herrscher des Horoskops, liegt es klar auf der Hand, daß sie gegensätzliche Bedürfnisse haben werden. Der venusbetonte Mensch sucht die Harmonie, das Angenehme im Leben, und ist in der Liebe sehr zärtlich; zur Aufrechterhaltung des gemeinsamen Friedens macht er auch Kompromisse. Der plutonische Partner haßt Kompromisse, für ihn gibt es keine Halbheiten; in seinem Verhalten neigt er zu Extremen und stört damit das Harmoniebedürfnis des anderen. Zwischen den beiden kann es zu einem Beziehungsmuster kommen, in dem der plutobetonte Partner dominiert und den anderen manipuliert, während der venusische Mensch nicht die Kraft hat, sich dagegen zu wehren (außer es gibt noch andere Konstellationen im Horoskop, die eine kämpferische Natur auszeichnen, wie zum Beispiel Sonne und Mars im Widder oder einem Aspekt zwischen diesen beiden Himmelskörpern). Repräsentieren wie bei Paul und Lidia die dominanten Stellungen jedoch komplementäre Planetenenergien (Venus/Mars, Mond/Sonne), werden sich die Horoskopeigner unwiderstehlich zueinander hingezogen fühlen und sich gegenseitig ergänzen.

Die dominanten Planeten sind in der klassischen Astrologie ausschlaggebend und von größter Bedeutung, denn sie üben einen starken Einfluß auf den Charakter aus. Peter Niehenke betont, daß ein Horoskop ohne dominante Planeten wie ein unscharfes Foto ist – die Konturen sind verwischt.[13] Ein Horoskop mit einem oder mehreren Herrschern ist mit einem scharfen Bild vergleichbar, auf dem man den fotografierten Gegenstand genau erkennen kann. Durch die Planetendominanz erkennt der Astrologe auf den ersten Blick die charakterlichen Besonderheiten einer Persönlichkeit. Es ist bekannt, daß ein Planet im Aspekt zum Aszendenten auch die Physiognomie und das für das Sternzeichen am Aszendenten typische Verhalten verändert. Einer meiner Schüler hat Sonne und Mond im Stier und seinen Aszendenten im Krebs. Die Stier- und Krebs-Eigenschaften lassen vermuten, daß es sich um eine kräftige Person mit einem phlegmatischen Temperament und mit einer Tendenz zur Gewichtszunahme handelt. Er ist jedoch schlank, beweglich, jugendlich im Aussehen und von nervösem Temperament. Verantwortlich dafür ist der Planet Uranus in Konjunktion zum Aszendenten.

Es existiert eine Hierarchie der Planeten nach ihrer Wirksamkeit auf die Persönlichkeit: An erster Stelle stehen die Planeten in Konjunktion zu Aszendent, Medium coeli, Deszendent und Immum coeli, dann folgen die Planeten, die andere Aspekte mit den beiden Achsen bilden; Trigone und Quadrate sind wirksamer als Sextile, doch gilt es auch, den Orbis mit zu bewerten: ein Sextil mit einem Orbis von 1 Grad ist stärker als ein Quadrat oder Trigon mit 4 Grad Orbis. Ebenso ist eine Konjunktion mit 10 Grad Orbis schwächer als ein Aspekt mit sehr engem Orbis. Konjunktionen wirken bereits bei einem Orbis von 10 Grad (10 Grad vor und 10 Grad nach dem Aszendenten).

Zweiter Teil

Partnervergleich

Synastrie

Es gibt verschiedene Methoden, um eine Beziehung astrologisch zu untersuchen. Bisher haben wir gesehen, wie wichtig die ausführliche Arbeit mit den Einzelhoroskopen für ein tieferes Verständnis der Psychologie der beiden Partner ist. Anschließend müssen wir uns derjenigen Methode bedienen, die uns selbst am meisten liegt, um die interplanetarischen Aspekte zu untersuchen und Gemeinsamkeiten und Konfliktpunkte zu erkennen. Ich verwende die Synastrie und das integrierte Horoskop (Composit) gleichzeitig. Diesen beiden Interpretationshilfen werde ich mich im zweiten Teil dieses Buches zuwenden.

Wie auch beim Einzelhoroskop jede angewandte Methode zum gleichen Ergebnis führt, ist es auch in der Partnerschaftsastrologie gleichgültig, welches System Anwendung findet. Wichtig ist allein eine gute Kenntnis der Methode, um ein richtiges Bild der Beziehung zu erhalten. Außer Synastrie und Composit sind mir noch die folgenden Methoden bekannt:

Das *Combin* wird aus dem arithmetischen Mittel der beiden Geburtszeiten sowie der Längen- und Breitengrade der Geburtsorte erstellt. Auf der Grundlage dieser Daten ergibt sich ein neues Horoskop. Die Interpretation erfolgt auf gleiche Weise wie für das Composit. Da ich seit vielen Jahren das Composit verwende, habe ich mich mit dem Combin nicht näher beschäftigt.

Der *Halbsummenvergleich* wird von der Ebertin-Schule verwendet und erfolgt unter der Verwendung der 90-Grad-Scheibe. Hierbei sind nur die Spannungsaspekte relevant, auch die kleineren wie Halbquadrat und Anderthalbquadrat. Der Orbis beträgt nur 1 Grad, die astrologischen Häuser werden nicht berücksichtigt, sondern nur die Aszendenten- und Medium-coeli-Achse.

Das *Begegnungshoroskop* wird für den genauen Moment erstellt, in dem sich zwei Menschen zum ersten Mal begegnet sind. Mit dieser vorzüglichen Methode kann man auf den ersten Blick die wichtigsten Themen einer beginnenden Beziehung einschätzen; doch leider kann sie nur selten Anwendung finden, weil die meisten Menschen sich nicht an den genauen Zeitpunkt der ersten Begegnung erinnern können. Der Tag wird meistens behalten und ist später oft ein wichtiges Datum, doch wer sich nicht gerade für Astrologie interessiert und von allen wichtigen Ereignissen die Uhrzeit aufschreibt, kann den exakten Beginn nicht rekonstruieren.

Das Beispiel von *Ada* und *Carlo* hat ein leicht zu erinnerndes Datum: sie begegneten sich an einem Silvesterabend beziehungsweise kurz nach Jahreswechsel, als alle das eben begonnene Neue Jahr feierten. Auf der Grafik erkennt man zahlreiche dominante Planeten: Pluto in Konjunktion zum Aszendenten, Saturn am Medium coeli und der Mond am Deszendenten. Sonne und Merkur stehen beide in Konjunktion zum Immum coeli und bilden ein Quadrat zum Aszendenten; in geringerem Maß ist auch Neptun im Sextil zum Aszendenten dominant.

Eine Begegnung mit so vielen dominierenden Planeten, die in spannungsgeladenen Aspekten zueinander stehen und starke Energien freisetzen, müßte im Gemüt der beiden Menschen einen nachhaltigen und beunruhigenden Eindruck hinterlassen. Es entstand in der Tat eine merkwürdige Beziehung, die nie konstant war (Mond in Konjunktion zum Deszendenten, im Quadrat zu Saturn und Sonne–Merkur) und auch nicht »traditionell« im Sinne des allgemein üblichen (Venus–Jupiter im Wassermann), aber sehr intensiv, oft spannungsreich und schmerzhaft (Pluto), und in der schließlich beide Seiten auf eine festere Beziehungsform verzichteten (Saturn).

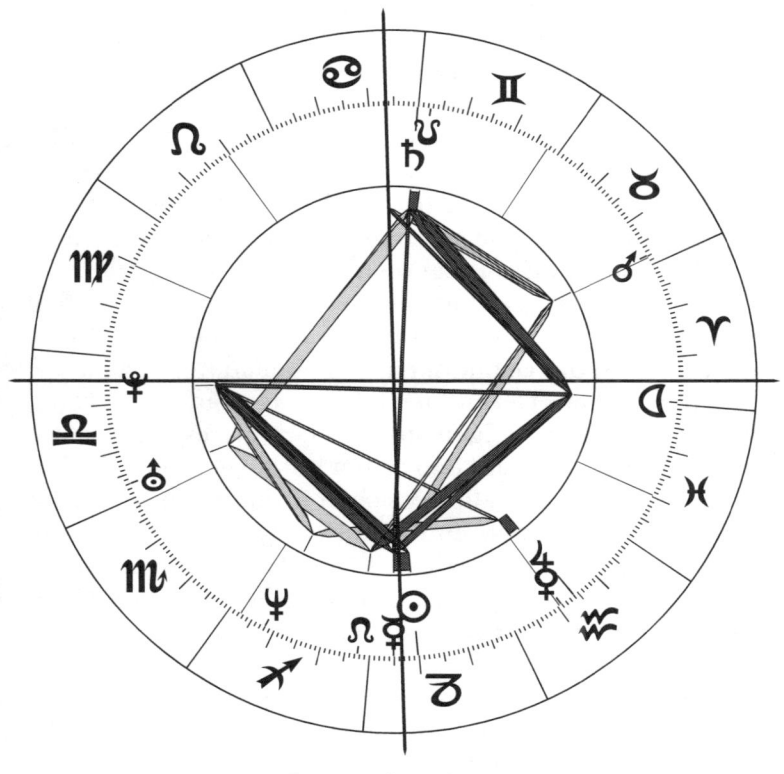

Ereignishoroskop
Erste Begegnung von Ada und Carlo

Dabei ist es interessant, daß in der Synastrie Adas Pluto genau in Konjunktion zu Carlos Aszendenten und im Trigon zu seiner Sonne steht. Die Energie dieses Planeten beherrschte ihre Beziehung, und so war es auch kein Zufall, daß die Begegnung genau in dem Augenblick stattfand, als Pluto (damals im Transit durch die Waage) sich in Konjunktion zum Aszendenten des Begegnungshoroskops befand. Wenn wir das Begegnungshoroskop mit den beiden Einzelhoroskopen vergleichen, so erhalten wir wertvolle Informationen darüber, wie die beiden Partner unabhängig voneinander diese erste Begegnung erlebt haben, und können dadurch auch gewisse Prognosen stellen.

Im vorliegenden Fall fällt die Venus–Jupiter-Konjunktion jenes Tages auf die Sonne und den Deszendenten in Adas Geburtshoroskop. Damit ist eine Konstellation gegeben, die auf jeden Fall ein Gefühl der Liebe entstehen lassen kann. Der Mond steht im Trigon zu Adas Uranus, es handelt sich für sie also um Liebe auf den ersten Blick. Die Sonne des Begegnungshoroskops befindet sich in Konjunktion zu Carlos Mond im 5. Haus, während Venus ein Quadrat mit seinem Mars bildet. Die Konjunktion Sonne–Mond ist von großer Wichtigkeit, weil sie buchstäblich die Begegnung von Mann und Frau und die daraus entstehende Anziehungskraft ausdrückt. Dies gilt auch für den Kontakt Venus–Mars, den anderen beiden komplementären Archetypen. Dabei liegt die Betonung mehr auf der erotischen Komponente. Wie alle Horoskope stellt auch das Begegnungshoroskop einen Beginn, gleichsam eine Geburt, dar.

Im vorliegenden Begegnungshoroskop konnte genau im Augenblick der ersten Begegnung eine neue Liebe entstehen!

Die Synastrie

Die klassische Astrologie bedient sich zur Analyse zwischenmenschlicher Beziehungen einer Methode, die Synastrie (Partnervergleich) genannt wird. Dabei werden zwei Geburtshoroskope miteinander verglichen. Man analysiert die interplanetarischen Aspekte der beiden Horoskope und die Plazierung der Planeten in den verschiedenen astrologischen Häusern. Die Aspekte der Planeten zueinander und zum Aszendenten sowie Medium coeli geben Auskunft über die Art des Energieaustauschs zwischen den Personen, ihre Gemeinsamkeiten und Gegensätze, die gegenseitige Anziehung, aber auch Antipathie oder Ablehnung. Die Stellung der Planeten in den Häusern des Partners weist auf die Erfahrungen hin, die in einer Beziehung gemeinsam erlebt und vertieft werden können.

Hat jemand in seinem Geburtsbild Venus im 5. Haus und die Sonne des Partners fällt ebenfalls in dieses Haus, so könnten gemeinsame Erfahrungen zum Beispiel im kreativen Bereich liegen, in den ein großer Teil der gemeinsamen Freizeit investiert wird, oder in der Erziehung der Kinder, an der ebenfalls beide Partner beteiligt sind.

Wenn ein oder mehrere Planeten in Häuser fallen, die bereits von unseren eigenen Planeten besetzt sind, werden wir mit dem Partner sicherlich Erfahrungen machen, die bereits einen Teil unseres Lebens ausmachen. Fallen die Planeten in unbesetzte Häuser, so können wir mit Hilfe des Partners für uns Neues erleben und zur Entfaltung bringen.

Als Beispiel soll ein weibliches Horoskop dienen, dessen 6. Haus leer ist, während der Mond des Ehemannes in dieses Haus fällt. Der Frau liegen Haus- und Küchenarbeiten nicht besonders, dies geht auch aus anderen Konstellationen des Radix hervor (Sonne und Mond in Wassermann); der Mann hat einige Planeten im Element Erde und ist den praktischen Dingen eher zugetan. Er könnte ihr das Kochen beibringen, die Herstellung von Marmelade oder Brot oder die Ausführung kleiner Reparaturarbeiten.

Die Planetenaspekte zwischen zwei Geburtshoroskopen – Konjunktionen, Sextile, Trigone, Quadrate oder Oppositionen – lassen Schlüsse auf die Art von Energie zu, die in der Beziehung vorherrschend ist. Stephen Arroyo schreibt in »Astrologie und Partnerschaft«, daß Sextile, Trigone und fließende Konjunktionen einen »Nahrungsaustausch« zwischen zwei Menschen darstellen: seelische Nahrung bei zwei Venus–Mond-Aspekten, geistige Nahrung bei Sonne–Jupiter-Aspekten, intellektuelle Nahrung durch Merkur-Aspekte und körperliche Nahrung durch Aspekte zwischen Venus und Mars oder Venus und Sonne. Quadrate, Oppositionen und spannungsgeladene Konjunktionen verursachen Störungen der Harmonie – die Partner bieten sich gegenseitig die »falsche« Nahrung an.[1]

Die Spannungsaspekte liefern aber trotz aller Probleme auch die Energie, die aus der Spannung etwas Anregendes und Kreatives entstehen läßt. Eine Frau, deren Sonne in den ersten Graden des Widders steht und die sich in Konjunktion zum Mars des Partners in den letzten Graden der Fische befindet, kann ihren Mann dazu bringen, mehr Bestimmtheit und Courage zu entwickeln. Die Konjunktion Sonne–Mars wird in der Synastrie sowohl positiv als auch negativ bewertet, je nachdem, welche anderen Faktoren oder Aspekte mit dieser Konstellation noch einhergehen oder wie der Charakter der beiden Partner beschaffen ist.

Steht in einem Einzelhoroskop die Sonne im Widder und in Konjunktion zum Mars in den Fischen beim Partner und der Horoskopeigner weist noch verschiedene aggressive Werte auf (Spannungsaspekte zwischen Mars und Pluto oder andere starke Spannungen), so wird er dem Partner vielleicht nicht helfen, seine aggressiven Seiten zu entwikkeln, sondern ihn selbst ständig angreifen und versuchen, ihn zu beherrschen und zu verletzen. Im genannten Fall würde der Mann mit Mars in den Fischen, dem es schwerfällt, sich selbst zu behaupten oder seine Energien auf aktive und dynamische Weise zu kanalisieren, seine unternehmungslustige und selbstsichere Partnerin bewundern und dazu neigen, sich von ihr stützen zu lassen. Eine Frau mit der Sonne im Widder übernimmt gerne die Führung, kann aber Leute, die sich von ihr kommandieren oder mitziehen lassen, nicht leiden. Wenn bei ihr noch andere aggressive Eigenschaften vorhanden sind, die den Widdercharakter verstärken, kann sie den Partner gleichsam erdrücken. Weist ihr Horoskop aber Aspekte auf, die Widderenergie bremsen und in Bahnen lenken, wird sie den Partner vielleicht zum Handeln bringen, ohne ihn dazu zu zwingen, und ihm beim Erreichen wichtiger Ziele behilflich sein.

Der Mann mit Mars in den Fischen kann seiner Partnerin ebenfalls etwas vermitteln: daß man seine Ziele auch durch gemäßigtes und sensibles Vorgehen erreichen kann, nicht nur durch Ellbogentechnik. Beide könnten so vom Gelernten profitieren.

Das richtige Maß in der Synastrie ist ein ausgeglichenes Verhältnis von harmonischen und spannungsgeladenen Aspekten. Im Einzelhoroskop geht man davon aus, daß eine Persönlichkeit mit zu vielen harmonischen Aspekten und zu wenig Spannungen einem Auto gleicht, das zwar eine schöne Karosserie, aber keinen Motor besitzt. Genauso verhält es sich in der Synastrie: Eine Beziehung mit zu vielen Sextilen und Trigonen und wenigen dynamischen Aspekten ist oftmals zu perfekt. Das Leben zu zweit verläuft ohne Erschütterungen, kann aber im Laufe der Zeit langweilig werden – vor allem, wenn die Partner (oder zumindest einer von beiden) uranusbetont sind oder die Elemente Feuer oder Luft in ihrem Horoskop dominieren: Der Mangel an Neuem und an Bewegung brächte ihre Beziehung zum Erliegen. Dies gilt auch für marsbetonte, plutonische oder Skorpion- beziehungsweise Widder-Partner, die leidenschaftlich und konfliktbereit sind und denen ein Leben ohne diese »Würze« schal und langweilig erscheinen würde. Einzig Horoskopeigner, die stark venusbetont sind oder einige Planeten im Stier oder in der Waage aufweisen, langweilen sich nicht in einer ruhigen und ausgeglichenen Beziehung, denn Venus und die unter ihrem Einfluß stehenden Zeichen lieben Frieden und Harmonie. Vor allem die Stiergeborenen ziehen eine ruhige und etwas langweilige Existenz einem Leben voller unerwarteter Wendungen und Spannungen vor, die zur Trennung führen können.

Als ich begann, mich mit der Astrologie zu beschäftigen und auch einige inzwischen überholte Lehrbücher gelesen hatte, meinte ich, daß harmonische Aspekte in der Synastrie dem Gelingen einer Beziehung förderlich seien. Trigone und Sextile waren für mich zweifellos die idealen Aspekte einer Liebe, während ich Oppositionen und Quadrate für Anzeichen von Konflikten und gegenseitiger Abneigung hielt. Für »Meridian« habe ich 1991 einen Beitrag über den Fall zweier Freundinnen geschrieben, die in den gleichen Mann verliebt waren.[2] Darauf war ich einige Monate nach meinen »astrologischen Anfängen« gestoßen. Ich konnte die Entscheidung Pietros nicht verstehen, den meine beiden Freundinnen Leonora und Maria liebten. – Sie hatten mich gebeten, ihre drei Horoskope zu erstellen und die beiden Partnervergleiche durchzuführen. Die Sonne Pietros stand im Trigon zur Venus Marias und im Quadrat zur Venus Leonoras. Ich war sicher, er würde sich für Maria entscheiden – er verliebte sich aber in Leonora. Erst nach einigen Jahren astrologischer Praxis verstand ich den Grund dafür. Marias Sonne steht in Konjunktion zu Venus, und das Horoskop weist wenige Spannungsaspekte auf. Bei Leonora stehen Venus und Mars zueinander im Quadrat, ihr Horoskop steht unter dem Einfluß des Skorpions und weist mehrere Spannungsaspekte auf. Pietro seinerseits hat Pluto am Aszendenten, Mars befindet sich im Skorpion und der Mond im Sextil zu Mars. Die beiden Verliebten suchten starke Gefühle, erotische Leidenschaften und Spannungen. Sie gingen Konflikten nicht aus dem Weg, sondern schienen sie zu suchen. Leonora erzählte mir damals, daß auf den heftigsten Streit eine ebenso heftige Versöhnung erfolgte, die dann die erotische Leidenschaft wieder entfachte.

Dieser Fall zeigt deutlich, wie wichtig es ist, die Persönlichkeit der Betroffenen genau und getrennt zu untersuchen, bevor man mit der Analyse der Aspekte in der Synastrie beginnt.

Anziehungspunkte im Partnervergleich

Bei der Arbeit mit der Synastrie (= Partnervergleich) müssen wir zu allererst die Konstellationen bestimmen, die das Entstehen einer Anziehung zwischen den beiden Menschen ausgelöst haben. In der klassischen Astrologie gibt es die verschiedensten Konstellationen, aus denen auf Sympathie und Gemeinsamkeiten im zwischenmenschlichen Bereich geschlossen werden kann. Dabei handelt es sich nicht nur um harmonische Aspekte. Quadrate, spannungsgeladene Konjunktionen und Oppositionen können ebenfalls als Anziehungskräfte wirksam werden. Vor allem der 180-Grad-Aspekt (Opposition) gilt als ein Faktor, der eine starke Anziehung verursachen kann, da er Ausdruck zweier einander entgegengesetzter und häufig sich ergänzender Energien beziehungsweise Planeten ist. Die Opposition hat eine stärkere Wirkung, wenn es sich bei den betroffenen Planeten um Venus und Mars oder Sonne und Mond handelt.

Viele Astrologen sind der Ansicht, daß die Anziehungskräfte stärker wirken, wenn sich die weiblichen Planeten des Mannes im Aspekt mit den männlichen Planeten der Frau befinden. Andere wieder behaupten das Gegenteil: Sonne und Mars des Mannes im Aspekt mit Venus und Mond der Frau. Ich meine, daß beide Konstellationen gleichermaßen wirksam sind. Der Unterschied besteht lediglich darin, daß Sonne und Mars als aktive Energien eine dynamische Wirkung auf das Temperament des betreffenden Menschen haben und der Sonne-Mars-Partner folglich auch der aktivere und dynamischere Teil des Paares sein wird.

Befindet sich also die Sonne der Frau im Aspekt zum Mond des Mannes, so wird sie eher die Initiative ergreifen und im Zusammenleben die Zügel in der Hand haben, auch wenn man dieses Verhalten traditionellerweise vom Mann erwartet. Das gleiche gilt, wenn der Mars der Frau im Aspekt zur Venus des Partners steht – dann möchte der Mann verwöhnt werden und Zärtlichkeit genießen, während die Frau sich sexuell »männlicher« verhält.

Als Anziehungsfaktoren gelten:

1. Wenn die Aszendent-Deszendent-Achse des einen Partners im Geburtshoroskop des anderen genau umgekehrt verläuft: der eine hat beispielsweise den Aszendenten im Widder und den Deszendenten in der Waage, der andere jedoch den Aszendenten in der Waage und den Deszendenten im Widder. Das gleiche gilt für die Medium-coeli-Immum-coeli-Achse.

2. Wenn die Position der Sonne in einem Horoskop ihre Entsprechung in der Aszendent-Position des zweiten Horoskops hat: der Mann hat zum Beispiel die Sonne in der Jungfrau und die Partnerin ihren Aszendenten in diesem Zeichen (oder umgekehrt). Temperament und Äußeres der Horoskopeignerin mit Aszendent in der Jungfrau wirken dann für den Jungfraugeborenen sehr anziehend, weil ihre Verhaltensmerkmale den seinen verwandt sind.

3. Wenn ein Partner den Mond im Sonnenzeichen des anderen hat: Bedürfnisse auf der Gefühlsebene, die durch den Mond in dem Zeichen geweckt werden, erfahren eine Befriedigung durch den Partner, dessen Sonne im gleichen Zeichen steht. Es ist in diesem Fall bekannt, daß der männliche Partner die Verkörperung seines Weiblichkeitsideals gefunden hat, wenn sich sein Mond im Sonnenzeichen der Frau befindet.

4. Wenn ein Partner den Aszendenten in dem Zeichen hat, dessen herrschender Planet sich in Konjunktion mit dem Aszendenten der anderen Person befindet: Partner A hat seinen Aszendenten im Krebs, und sein Mond ist in Konjunktion mit dem Aszendenten von Partner B.

Eine der wirksamsten Ursachen für gegenseitige Anziehung liegt in den Aspekten, die die Planeten im Horoskop eines Menschen zum Aszendenten des anderen bilden.

Besonders intensiv wirken sich natürlich die Aspekte von Sonne und Mond sowie Venus und Mars aus. Dabei geht es um die weiblichen Planeten der Frau (Mond und Venus) und die männlichen Planeten des Mannes (Sonne und Mars), die im Aspekt zum Aszendenten des Partners stehen. Ich konnte häufig beobachten, welche starke erotische Anziehung von der Venus der Frau ausgeht, wenn sie sich im Aspekt zum Aszendenten des Mannes befindet beziehungsweise der Mars des Mannes im Aspekt zum Aszendenten der Frau. Der Horoskopeigner, der die Energie der weiblichen Venus an diesem empfindlichen Punkt empfängt, wird die Frau reizvoll und unwiderstehlich finden und sie begehren. Ebenso ergeht es einer Frau unter dem Einfluß der Energie des männlichen Mars. Sowohl harmonische wie spannungsgeladene Konstellationen als auch Konjunktionen mit dem Aszendenten deuten auf einen Energieaustausch hin und sind somit ein wichtiger Anziehungsfaktor. Die Energie eines Quadrats kann im Laufe der Zeit jedoch Spannungen und Gegensätze erzeugen, während Trigone und Sextile eine dauerhaft harmonisierende Wirkung haben. Die Opposition müssen wir getrennt behandeln: Wenn ein Planet in Opposition zum Aszendenten steht, so befindet er sich gleichzeitig in Konjunktion zum Deszendenten, so daß wir diesen 180-Grad-Aspekt nicht als spannungsgeladene Konstellation betrachten können:

Saturn, Uranus, Neptun und Pluto in Konjunktion mit dem Aszendenten des Partners können einen »zweischneidigen« Effekt haben: einerseits handelt es sich um starke Anziehungsfaktoren, anderseits können sie auch zu Schwierigkeiten führen:

Pluto in synastrischer Verbindung mit dem Aszendenten läßt zwei Menschen sich unwiderstehlich zueinander hingezogen fühlen. Beide haben das Gefühl, füreinander bestimmt zu sein und zusammenzugehören. Gleichzeitig kennen wir auch die Wirkung dieses mit Hades verbundenen Planeten auf eine Liebesbeziehung. Die Liebenden können einen Abstieg in die Hölle mit all der Pein erleben, die den Bewohnern dieses schrecklichen Ortes zugedacht ist.

Saturn hingegen kann bei dem Horoskopeigner, dessen Aszendenten er stimuliert, zu dem Eindruck führen, der Partner würde ihn seiner Handlungsfreiheit und Spontaneität berauben. In meinem Bekanntenkreis befindet sich eine sehr fröhliche Frau, die in Anwesenheit des Ehemanns gleichsam erstarrt, weil sie sich von ihm ständig beobachtet und kritisiert fühlt. Während des Zusammenseins mit ihrem Partner verliert sie ihre natürliche Fröhlichkeit und Unbekümmertheit.

Uranus kann ganz plötzlich und unerwartet das Interesse zweier Personen aneinander wecken. Diese verlieben sich dann auf den ersten Blick, wobei dieser Zustand jedoch nicht von langer Dauer ist. (Falls nicht noch andere synastrische Aspekte vorhanden sind und eine günstige Wirkung auf Dauerhaftigkeit und Stabilität der Gefühle ausüben.)

Neptun vermittelt den Partnern das Gefühl, ihre Begegnung diene dazu, ein gemeinsames geistiges Schicksal zu erfüllen. Dies kann jedoch zu einem gewissen Realitätsverlust in der Beziehung führen oder dazu, daß die beiden die körperlichen Bedürfnisse vergessen, während sie ganz mit ihrem Seelenleben beschäftigt sind.

Wir müssen noch anmerken, daß die Energie der langsamen Planeten aufgrund ihrer hochgradigen Wirkung dazu führt, daß wir uns von einer Person entweder extrem stark angezogen fühlen oder aber sie überhaupt nicht ausstehen können.

Die Übereinstimmung

Sind die Faktoren für die Anziehungskräfte zwischen zwei Menschen bestimmt, so müssen wir aus den synastrischen Aspekten diejenigen herausfinden, die auf eine Übereinstimmung zwischen ihnen hinweisen. Dazu empfiehlt es sich, schriftlich eine Liste aller zwischen den beiden Horoskopen existierenden Aspekte aufzustellen. Die Aspekte aus den ineinander gezeichneten Horoskop-Grafiken herauszulesen, ist für den Anfänger wesentlich komplizierter, da die Vielzahl der Aspektlinien das Erkennen aller vorhandenen Konstellationen mit bloßem Auge erschwert. Stephen Arroyo stellt in seinem Buch »Partnerschaft und Astrologie« ein Schema vor, das dafür eine große Hilfe ist und das ich seit der Lektüre des Buches immer angewendet habe.

Nach Erstellen der Liste wird eine Einteilung in seelische, körperliche und geistige Übereinstimmung vorgenommen, und jedem Bereich werden die entsprechenden Aspekte zugeordnet, wie zum Beispiel:

Seelische Übereinstimmung
beide Monde im Trigon zueinander, weiblicher Mond im Sextil zum männlichen Jupiter

Geistige Übereinstimmung
weiblicher Merkur im Trigon zur männlichen Sonne, männlicher Merkur im Trigon zum weiblichen Merkur

Körperliche Übereinstimmung
weibliche Venus in Konjunktion zum männlichen Mars, männliche Sonne in Opposition zur weiblichen Venus

Aus dem Beispiel geht hervor, daß *die seelische Übereinstimmung* von jenen Aspekten herrührt, an denen der Mond beteiligt ist. Ich selbst halte es für ein Geschenk des Himmels, einem Menschen zu begegnen, dessen Mond im Trigon, Sextil oder Konjunktion zu meinem eigenen Mond steht. Diese Energie ist für mich spürbar, wenn ich mich in Gesellschaft von Menschen befinde, bei denen ich mich »seelisch zu Hause« fühle.

Ein Quadrat oder eine Opposition zwischen den beiden Monden schafft Unstimmigkeiten: der Mond ist hochsensibel und kann Spannungen schlecht verkraften. Vor allem im

Quadrat können die stark unterschiedlichen seelischen Bedürfnisse im Zusammenleben der Partner zu einem ernsten Problem werden.

Betrachten wir zum Beispiel den Fall einer Person mit dem Mond im Widder und einem Lebenspartner mit dem Mond im Krebs. Der Einfluß von Mars in diesem Zeichen regt den Mond zur Aktivität an – der Horoskopeigner möchte ständig etwas unternehmen; er gehört zu den Leuten, die sonntags früh energiegeladen aus dem Bett springen und den Partner unternehmungslustig fragen, was man denn heute Schönes machen könnte.

Wer aber den Mond im Krebs hat, neigt zur Faulheit und möchte sich gerne im Bett räkeln, erst recht am Sonntag! Und schließlich möchte jemand, bei dem sich der Mond im Widder befindet, gerne ausgehen, Leute treffen, sich im Freien bewegen und Sport treiben; in den Ferien wird er sich nicht am Strand in der Sonne aalen oder in Ruhe ein Buch lesen. Sein Urlaub ist durch Abwechslung und Bewegung gekennzeichnet, er kommt auch dann nicht zur Ruhe. Ein Mensch mit Mond im Krebs ist häuslich, er könnte die Zeit damit verbringen, sich vom Partner verwöhnen zu lassen. In den Ferien schläft er gerne lange aus und ruht sich aus – er verspürt kein Bedürfnis, zu verreisen wie die meisten anderen, sondern würde diese Zeit gerne im eigenen Garten verbringen oder auf dem Dachboden in alten Erinnerungsstükken kramen.

Trigone, Sextile und Konjunktionen zwischen Mond und Venus sind ebenfalls Indikatoren für eine seelische Übereinstimmung. Personen mit diesen synastrischen Aspekten werden zärtlich zueinander sein und sich gegenseitig verwöhnen.

Spannungsgeladene Aspekte zwischen diesen beiden Gestirnen schaffen jedoch Unstimmigkeiten im Gefühlsbereich.

Spannungsgeladene Aspekte zwischen dem Mond beim Mann und der Venus bei der Frau können zu Schwierigkeiten führen. Unter dem Einfluß dieser Konstellationen kann der Mann sein Mutterbild auf die Partnerin projizieren –

dann ist er unzufrieden damit, wie die Partnerin sich um ihn kümmert.

Stehen Sonne, Mond und Venus im Aspekt zu Jupiter (vor allem in harmonisierenden Aspekten), so ist dies ein Zeichen für starke wechselseitige Sympathie zwischen zwei Individuen. In der Gesellschaft von Menschen, deren Jupiter im Aspekt zu unseren gewöhnlichen Planeten steht, fühlen wir uns wohl, können wir uns vergnügen und entspannen und fühlen uns auch ein wenig beschützt.

Auch die harmonischen Konstellationen zwischen den Planeten Mond und Neptun bewirken seelischen Austausch, und häufig begünstigen sie auch telepathische Kontakte. Bei solchen Konstellationen kommt es häufig dazu, daß die Partner Gedanken und Worte des anderen erraten und erspüren – wie auch bei Aspekten zwischen den beiden Monden.

Konjunktion und Spannungsaspekte zwischen Mond und Neptun können zu Verständnisschwierigkeiten und Mißverständnissen führen; auch kann sich der Partner vom anderen enttäuscht fühlen, wobei der Enttäuschung eine starke anfängliche Idealisierung vorausging.

Auch Aspekte zwischen Mond und Pluto deuten auf eine intensive Gefühlsbindung hin. Dies aber mit allen Komplikationen, für die der Planet Pluto verantwortlich sein kann. Zum Beispiel die Neigung dieser Menschen, in ihrer Leidenschaft alles andere um sie herum zu vergessen und ineinander zu versinken. Was außerhalb der Geliebten und ihrer Beziehung existiert, wird nicht zur Kenntnis genommen.

Bei allen Konstellationen des Mondes mit Mars und Uranus kann es bei dem Partner, dessen Mond durch die beiden Planeten stimuliert wird, zu dem immer wiederkehrenden Bedürfnis kommen, sich von dem geliebten Menschen zu »erholen«. Mars und Uranus lösen starke impulsive Kräfte und Energien aus, die den empfindlichen Mond sehr reizen können.

Aspekte des Mondes mit Saturn blockieren das Bedürfnis nach Intimität, der Mondeigner kann sich dann in seinem Verlangen nach Zärtlichkeit frustriert fühlen. Sextil und Trigon zwischen Mond und Saturn üben keinen so frustrierenden Effekt aus wie Quadrat, Opposition und Konjunktion. Unter diesen harmonischen Konstellationen wissen die Partner, daß sie sich aufeinander verlassen können, auch wenn der seelische Austausch gemäßigt ist. Ihre Beziehung bietet ihnen die Stabilität und Sicherheit, die sie benötigen, um die Stürme des Lebens zu bestehen.

Mond und Merkur in Konjunktion, Trigon oder Sextil zueinander schaffen einen Energieaustausch zwischen den seelischen Bedürfnissen des einen (Mond) und den intellektuellen Bedürfnissen des anderen Partners (Merkur). Wünsche und Gefühle werden verbal vermittelt. Quadrat und Opposition blockieren die Kommunikation und den Austausch. Den Merkureignern stören vielleicht die Wankelmütigkeit, die Gefühlsbetontheit und der häufige Wunsch nach Zweisamkeit des Partners, während es dem Mondeigner unannehmbar scheint, daß der andere für alle Probleme eine logische Lösung finden muß, vor allem für solche, die mit dem Verstand gar nicht gelöst werden können, sondern nur, indem man seinen Gefühlen freien Lauf läßt.

Anzeichen für *geistige Übereinstimmung* sind alle synastrischen Aspekte des Planeten Merkur. Steht Merkur in harmonischem Aspekt zum Merkur des Partners, so werden Kommunikation und geistiger Austausch angeregt. Spannungsaspekte zwischen den beiden Merkuren können zu Konflikten führen, weil die Art des Denkens und Kommunizierens der Partner sehr unterschiedlich ist. Ein Horoskopeigner mit Merkur in der Jungfrau verfügt über eine ausgeprägte Urteilsfähigkeit, hält nichts von Abstraktion und Gedankenspielereien, seine Gedanken und Überlegungen sind klar und logisch. Merkur im Schützen, einem Zeichen, das im Quadrat zur Jungfrau steht, ist im Horoskop von Menschen anzutreffen, die sich gedanklich nicht bei Einzelheiten aufhalten, sondern diese eher vernachlässigen und lieber Visionen nachhängen, die aus ihrer geistigen Unruhe entstehen. In dieser Stellung büßt Merkur seine Klarheit und Fähigkeit zum logischen Denken ein. Ein Mensch mit Merkur in Jungfrau neigt zum Kritisieren, während der Partner mit diesem Planeten im Schützen Kritik schwer ertragen kann, weil er bei allem, was er tut und sagt, sich in gutem Glauben befindet. Belebend auf den Dialog zwischen Partnern wirken auch harmonische Aspekte und Konjunktionen zwischen Merkur und Sonne, Merkur und Venus, Sextil und Trigon zwischen Merkur und Mars. Harmonische Konstellationen und Konjunktionen zwischen Merkur und Jupiter fördern die geistige Verwandtschaft, das Interesse an philosophischen, politischen und religiösen Problemen; Partner mit solchen Aspekten lieben es, sich lange auszutauschen; die Gesellschaft des anderen und ein gutes Gespräch bieten Inspiration und Vergnügen. Spannungsaspekte zwischen Merkur und Jupiter führen oft zu dem Problem, daß einer spricht (Merkur), der andere aber nicht zuhört oder seinen eigenen Gedanken nachhängt (Jupiter).

Merkur im Trigon, Sextil oder Konjunktion zu Saturn kann für eine geistige Übereinstimmung förderlich sein. Die Partner interessieren sich für ernsthafte und tiefgehende Themen und besprechen und lösen ihre Probleme gemeinsam.

Quadrat, Opposition und manchmal auch Konjunktion hingegen machen Kommunikation oftmals unmöglich.

Merkur und Uranus im Aspekt zueinander stimulieren sich gegenseitig; harmonische Aspekte vermitteln den Partnern die »gleiche Wellenlänge«. Der Merkureigner wird verstärkt die Anregungen zu genialen Einfällen wahrnehmen, die ihm der andere Partner zuteil werden läßt, und wird die originelle und unkonventionelle Denkweise des Uranuseigners zu schätzen wissen.

Spannungsaspekte können lästig sein: mit seiner Intuition begreift der Uranuseigner alles im Nu und wird ungeduldig, wenn der andere ihn nicht so schnell versteht oder zuviel Zeit mit dem Analysieren verschwendet.

Trigon und Sextil zwischen Neptun und Merkur trifft man bei Menschen an, die nonverbal kommunizieren können und für ihren Dialog keine Worte benötigen. Der Neptuneigner erspürt die Gedanken des anderen und verinnerlicht sie.

Quadrat, Opposition und oft auch Konjunktion können zu Mißverständnissen führen; der Neptuneigner wirft dem

Partner vor, er sei phantasielos und würde sich der Logik bedienen, um ihn zu verletzen.

Steht der Pluto des einen Partners in Verbindung mit dem Merkur des anderen, so kann er anregend auf dessen Gedanken wirken, ihn geistig befruchten und ihm bei der Entwicklung von neuen Ideen helfen. Pluto kann seinen Eigner aber auch dazu bringen, den Partner zu manipulieren und ihm seine Ideen und seine Denkweise aufzuzwingen. Der andere wird von Worten erdrückt, in seinen Entscheidungen und Gedanken kontrolliert und beeinflußt.

Die körperliche Übereinstimmung können wir aus den Konstellationen zwischen Venus und Mars ablesen. Sowohl harmonische wie auch spannungsgeladene Aspekte sind hier Indikatoren für eine erotische Anziehung. Eine körperliche Übereinstimmung ist aber wahrscheinlicher, wenn sich die beiden Planeten im Trigon oder Sextil zueinander befinden. Die Konjunktion ist als spannungsgeladener Aspekt zu betrachten, da Venus und Mars in der Astrologie zwei gegensätzliche Prinzipien sind. Diese Konstellation kann also wie ein Quadrat und eine Opposition Unstimmigkeiten und Unzufriedenheiten hervorrufen. Der »Venuspartner« benötigt Harmonie, Sanftheit und Zärtlichkeit und kann sich von seinem »Marspartner« im Liebesakt aggressiv behandelt fühlen. Dieser vernachlässigt in seinem Ungestüm vielleicht Vorspiel, Liebkosungen und zärtlichen Zuspruch. Venusbetonte Menschen brauchen das Gefühl, daß alles in Ordnung und die Atmosphäre frei von Spannungen ist. Sie können sich körperlich nur hingeben, wenn Leib und Seele sich in einem Zustand der Harmonie befinden.

Spannungsgeladene Aspekte sind immer Ausdruck von zwei Energien, die miteinander im Streit liegen, und deshalb oft Ursache von Auseinandersetzungen und Frustrationen sind. Eine Klientin mit Venus in Skorpion in Quadrat zum Mars in Wassermann des Ehemannes erzählte mir, daß sie und ihr Mann nach Jahren – und nachdem sie die Kinder bei den Großeltern gelassen hatten – endlich wieder eine Woche Urlaub nur zu zweit machen konnten und nach Sizilien fuhren. Meine Klientin freute sich darauf, endlich wieder Gelegenheit zur Zweisamkeit zu haben, die daheim im Streß des Alltags nicht möglich war. Die Woche verging jedoch, ohne daß es zum heißersehnten »Schäferstündchen« kam. Zwar verbrachten sie schöne Tage mit Gesprächen und Besichtigungen, doch schliefen sie nie miteinander. Der Ehemann erklärte ihr schließlich, daß er, wenn er sich »im Kopf« wohlfühlte, kein Bedürfnis nach Sexualität habe. Geistige Befriedigung hatte für ihn einen höheren Wert als körperliche. Die Frau mit Venus im sexualitätsbezogenen Zeichen des Skorpions war natürlich ganz anderer Ansicht. Ihr fehlte die sexuelle Komponente sehr, und sie konnte ihren Mann nicht verstehen. Horoskopeigner mit persönlichen Planeten im Skorpion suchen vor allem die sinnliche Befriedigung, sie leben und erleben die Liebe über Sexualität und körperliche Hingabe.

Wassermannbetonte Menschen oder solche mit Venus und Mars in diesem geistigen Zeichen haben keine so ausgeprägten körperlichen Bedürfnisse. Im zitierten Beispiel hatte anfangs das Quadrat zwischen Venus und Mars erotische Anziehung ausgelöst, doch im Zusammenleben wurde später die Unzufriedenheit spürbar.

Andere Faktoren, die auf körperliche Übereinstimmung hinweisen, sind die synastrischen Aspekte zwischen Venus und Sonne, Venus und Jupiter, Trigone und Sextile zwischen Sonne und Mars, Mars und Jupiter. Die Verbindung von Venus und Pluto erzeugt eine starke erotische Anziehung, doch wie immer, wenn Pluto an einem Aspekt beteiligt ist, kommt es leicht zu Spannungen.

Fallbeispiel Lidia und Paul

Nun möchte ich mich mit den Aspekten des Partnervergleichs befassen, die in den Horoskopen von Paul und Lidia
zu finden sind (Radixhoroskope von Lidia auf S. 42 und Paul
auf S. 44).

Lidia   Paul

Mond	Quadrat	Mond
Mond	Quadrat	Jupiter
Merkur	Opposition	Venus
Merkur	Konjunktion	Uranus
Venus	Opposition	Mars
Saturn	Quadrat	Mars
Uranus	Quadrat	Saturn
Uranus	Quadrat	Neptun
Neptun	Konjunktion	Saturn
Neptun	Konjunktion	Neptun
Neptun	Sextil	Pluto
Pluto	Konjunktion	Pluto
Pluto	Sextil	Saturn
Pluto	Sextil	Neptun
Aufsteigender Mondknoten	Konjunktion	Venus
Medium coeli	Sextil	Mond
Medium coeli	Quadrat	Merkur
Medium coeli	Sextil	Venus

Nun können wir untersuchen, welche Aspekte die seelische,
geistige und körperliche Übereinstimmung beeinflussen.

Die seelische Übereinstimmung wird hier durch die beiden Quadrate gestört, die Lidias Mond zu Pauls Mond und Jupiter
bildet. Dabei spüren die Partner, daß sie sehr unterschiedliche Bedürfnisse haben. Im Horoskop Pauls deutet der
Mond im Stier in Konjunktion zu Jupiter darauf hin, daß ein

starkes Verlangen nach Wärme und körperlicher Intimität besteht. Wenn Paul sich unsicher oder traurig fühlt, so kann er sein Gleichgewicht am besten über körperliche Liebe und Zärtlichkeit wiedererlangen, wie er selbst sagt. Er muß Lidia in seiner Nähe spüren, ihre Haut berühren und ihren Duft atmen.

Lidia – mit Mond im Wassermann – kann zu viel Nähe nicht gut ertragen und zieht den Dialog dem Körperkontakt vor. Ihre Sonne steht schließlich im Zeichen Zwillinge. Wenn sie ihren Partner frustriert oder traurig erlebt, möchte sie mit ihm über seine Probleme sprechen, über das, was ihn quält. Körperliche Liebe ist für sie kein Heilmittel gegen Schwierigkeiten.

Lidia ist Hausfrau, während Paul einem sehr kreativen Beruf nachgeht. Mond und Venus in seinem Geburtshoroskop befinden sich im Trigon und stehen zum Medium coeli Lidias im Sextil. Dies bedeutet, daß Paul Lidia dazu ermuntern könnte, ihre eigenen kreativen Seiten zu entdecken (Lidia hat im Radix Venus im Löwen im Quadrat zu Saturn). Gemeinsame schöpferische Arbeit könnte für beide eine seelische Befriedigung darstellen und sie noch mehr verbinden.

Die geistige Übereinstimmung wird in diesem Partnervergleich durch die Konjunktion zwischen Lidias Merkur und Pauls Uranus ausgedrückt. Lidia selbst hat auch in ihrem eigenen Horoskop diese Konjunktion. Beide empfinden die originelle Denkweise des anderen als anregend, und da ihr Merkur in den Zwillingen und sein Merkur im Schützen stehen, ergänzen sie sich dabei. Beide sind kulturell interessiert und erweitern gern ihren Horizont. (Paul hat Sonne und Merkur im Schützen, Lidia hat den Mond im 9. Haus und Jupiter als dominanten Planeten.) Der Merkur Lidias steht in Opposition zur Venus von Paul, doch erzeugt dieser Aspekt keine besonderen Unstimmigkeiten, da der Planet des Denkens und der Kommunikation sich in Lidias Radixhoroskop im Krebs befindet. Sie verletzt das gefühlsbetonte und empfindsame Wesen Pauls nicht durch eiskalte Vernunft. Beide sind in der Lage, ihre Stimmungen und Gefühle einander verbal mitzuteilen und sich gegenseitig zu verstehen.

Die körperliche Übereinstimmung drückt sich in der Opposition von Lidias Venus zu Pauls Mars aus, ist aber störungsanfällig: Lidia hat ihre Venus im Löwen und lebt ihre Leidenschaft manchmal auf eine dominante und egozentrische Weise aus. Venus steht in ihrem Radixhoroskop im Quadrat zu Saturn, und diese Konstellation macht sie sehr empfindlich und mißtrauisch. Pauls Mars im Wassermann läßt uns annehmen, daß er die Tyrannei seiner Partnerin nur schwer erträgt und seine Sexualität häufig durch Phantasien stimuliert wird. Außerdem hat Lidia durch das Quadrat zwischen Venus und Saturn Schwierigkeiten, sich hinzugeben und ihren erotischen Gefühlen unbefangen Ausdruck zu verleihen. Ein Mann mit Mars im Wassermann ist nicht leidenschaftlich, er erlebt seine Erotik und Sexualität aber spontan und ohne Schwierigkeiten. Es könnte daher sein, daß die Befangenheit der Partnerin für Paul ein Hemmnis seiner Phantasie darstellt. Dies wird bestätigt durch das Quadrat zwischen Pauls Mars und Lidias Saturn. Der sexuelle Anspruch, der für Lidia spürbar wird, kann dazu führen, daß sie sich bedroht fühlt und mit Ablehnung auf sein Begehren reagiert.

Bei Betrachtung der Positionen der Planeten und Aszendenten in den entsprechenden Häusern stellen wir sogleich fest, daß sich eine beträchtliche Anzahl von Planeten jeweils im 7. Haus befindet: Merkur, Venus, Pluto und der Aszendent von Lidia, Venus und der Aszendent von Paul fallen jeweils ins Haus der Beziehungen des Partners. Wir wollen diese Planeten näher betrachten und die Art von Beziehung untersuchen, die dadurch entstanden ist:

Lidias Merkur im 7. Haus bei Paul bestätigt nochmals, daß sie in der Partnerschaft Dialog, Gedanken- und Ideenaustausch sucht. Ihr Pluto im 7. Haus, wo dieser sich bei Paul zusammen mit Mars befindet, verrät, daß es in der Verbindung Spannungen und Streitigkeiten gibt. Da aber in beiden Fällen Venus im 7. Haus steht, besteht zwischen den Partnern

doch eine große Zuneigung, die sie trotz Streit und Machtkämpfen immer wieder solche Spannungen überwinden
und in Liebe zueinander finden läßt. Lidias Uranus im 7.
Haus von Paul (wo sich auch sein Radix-Uranus befindet)
war ausschlaggebend für die Entscheidung zum Zusammenleben. Dieser Planet ist auch verantwortlich für das Bedürfnis beider nach Freiheit außerhalb der Partnerschaft, das
auch durch die Analyse der Geburtshoroskope bestätigt
wird. Die Sonne von beiden, jeweils im 6. Haus des Partners,
lassen es angebracht erscheinen, daß sie lernen, ihren gemeinsamen Alltag zu bewältigen. Wie aus den Geburtsthemen hervorgeht, flüchten beide gerne vor den diversen Verantwortungen des täglichen Lebens. Saturn ist in beiden
Horoskopen nicht dominant gestellt und bildet auch keine
besonderen Aspekte zu anderen Planeten, außer den Gene-
rationsaspekten zu Neptun und Pluto. In Lidias Horoskop
ist das Element Erde schwach besetzt, und bei Paul sind die
Planeten im Stier und Steinbock verletzt. Bei der Konsulta-
tion erzählten mir beide, daß vor allem im alltäglichen Zusammenleben Mißstimmungen entstehen.

Pauls Mond fällt ins 11. Haus seiner Partnerin. Er sucht bei
Lidia außer Liebe auch Freundschaft sowie geistige und seelische Verwandtschaft. Lidias Mond wiederum steht bei Paul
im 1. Haus. Eine solche Position führt dazu, daß der Horoskopeigner, dessen 1. Haus durch den Mond eines anderen
Menschen aktiviert wird, mit Hilfe der Sensibilität des Partners Kontakt zur Umgebung aufnehmen und auch noch die
unmerklichsten Stimmungen wahrnehmen kann. Der andere läßt ihn also an allem teilhaben, was er durch seine Empfindsamkeit registriert.

Ich möchte hier nicht alle Positionen in den Häusern analysieren, weil der daraus entstehende Überfluß an Informationen nur verwirrend wirken würde – häufig kommt es
dabei auch zu Widersprüchen. Bei der Beziehungsanalyse
beschränke ich mich lieber auf eine vertiefte Untersuchung
der Häuser des integrierten Horoskops (Composit). Mit dieser Methode gelangt man durch eine kleinere Anzahl von
Hinweisen sofort zu einer ausgewogenen Einschätzung der

Bereiche, die für das Zusammenleben von größter Bedeutung sind.

Lediglich die Position der beiden Saturne in ihren Häusern soll hier noch besprochen werden, weil uns diese in der Synastrie darauf hinweist, in welchen Lebensbereichen ein Partner den anderen bremsen oder hindern, oder aber ihm helfen kann, mehr Disziplin und Sinn fürs Praktische zu entwickeln.

Da in den Radixhoroskopen Pauls Saturn und Lidias Mond im 9. Haus stehen, glaube ich nicht, daß Lidia Paul dabei behindert, durch Lektüre oder Reisen seinen eigenen Horizont zu erweitern, sondern daß es ihnen gemeinsam gelingt, neue Länder zu erkunden, sich zu bilden und so ihre Kenntnisse zu erweitern.

Liegt im Partnervergleich ein Planet in einem Haus, in dem sich beim Partner das gleiche Gestirn befindet, so ist diese Stellung als Übereinstimmungsfaktor zwischen den Betroffenen zu werten.

Pauls Saturn steht in Lidias 5. Haus, also in der gleichen Stellung, an der sich ihr Radix-Saturn befindet. Paul und Lidia haben keine gemeinsamen Kinder und erklärten im Gespräch, daß dies seine Entscheidung war, der Lidia sich fügte (sie selbst hat zwei Töchter aus erster Ehe). Es bleibt jedoch unklar, ob dies für sie wirklich unproblematisch ist oder ob sie nicht doch insgeheim darunter leidet. Ich persönlich meine, daß es ihr doch nicht gleichgültig ist. Die Astrologie lehrt uns, daß ein von Saturn auferlegter Verzicht immer auch eine Wunde im Herzen hinterläßt.

Saturn im Partnervergleich (Synastrie)

Die Aspekte des Planeten Saturn sind in der Synastrie und im Composit von höchster Bedeutung. Dieser Planet hat einen eher beunruhigenden Ruf, und die meisten Menschen, die sich mit Astrologie beschäftigen, wären froh, wenn sie bei der Erstellung eines Partnerhoroskops in der Synastrie nicht auf Spannungsaspekte zu Saturn stoßen. Ich habe mich während meiner Tätigkeit häufig in der Situation befunden, Klienten oder Freunde beruhigen zu müssen, die sich wegen der Existenz von Saturnaspekten in der Synastrie um die Entwicklung ihrer Partnerschaft Sorgen machten. Natürlich möchte jeder von uns so wenig Schwierigkeiten wie möglich haben und sorgenfrei leben können, erst recht, wenn wir verliebt sind. Der Sinn unseres Lebens liegt aber eben darin, uns mit den Schwierigkeiten des Daseins auseinanderzusetzen und durch ihre Überwindung zu innerem Wachstum zu gelangen. In unseren Beziehungen werden wir mit unserem Karma konfrontiert, denn keine Beziehung entsteht zufällig. Das Wissen um diese Realität macht uns das Leben natürlich nicht einfacher, sondern kann erst recht Anlaß zur Hoffnungslosigkeit sein. Wenn wir aus den Ephemeriden erkennen, daß Saturn sich bald über unseren Planeten im Transit befinden oder sich dem Aszendenten nähern wird, können wir uns mit einer gewissen Besorgnis fragen, welche Prüfungen wir denn noch bestehen sollen und welche Lektion uns das Leben noch erteilen wird.

Es ist schwierig, noch etwas Neues über Saturn zu schreiben. Die Interpretation Saturns hat sich gewandelt, der alte Kronos mit seiner Sichel ist rehabilitiert worden. Liz Greene hat als erste bekannte Autorin mit ihrem Buch»Saturn« das Bild dieses Planeten zurechtgerückt und ihn von den alten Vorurteilen befreit.[3] Ihr Kapitel über Beziehungen ist so detailliert und erschöpfend gestaltet, daß dem nichts Neues mehr hinzuzufügen ist. Nach dem Erscheinen dieses Buches haben einige Astrologen meiner Ansicht nach den Fehler begangen (so wie auch jene einen Fehler begingen, die Saturn nur üble Eigenschaften zugeschrieben hatten), ihren Klienten nach Beendigung des Transits positive Ereignisse in Aussicht zu stellen, ohne die vorhergehende Phase zu berücksichtigen: die Zeit der Trostlosigkeit, des Leidens und der harten Arbeit an sich selbst. Vor einiger Zeit las ich in der Zeitschrift»Linguaggio astrale« einen Artikel des Astrologen Prier Wintle mit dem Titel»Il grande malefico« (der große Übeltäter) folgende Begebenheit:[4]

Eine Freundin des Autors, die wenig von Astrologie versteht, erzählte ihm, sie freue sich bereits auf den Beginn des Saturntransits über ihre Sonne, der Jupiter ablösen sollte. Sie hoffe, daß dies das Ende all ihrer Probleme sein werde. In einer populärwissenschaftlichen Zeitschrift hatte sie gelesen, daß sehr positive Ereignisse von den Transiten dieses Planeten ausgelöst würden.

Inneres Wachstum und Reife sind natürlich wichtige und positive Ereignisse, doch geht ihnen viel Leid voraus. Deshalb sollte der Klient oder der Lernende in der Astrologie genau über dieses Prinzip informiert werden, ohne dessen negative Seiten zu übertreiben, sondern indem man ihm hilft, Zeiten großer Frustration ins Auge zu sehen. Es ist wenig hilfreich zu sagen, der Transit ginge ja vorüber und damit auch die Probleme.

Wer die Eigenschaften Saturns genau kennt, ist in den Zeiten, wenn die Energie dieses Planeten spürbar wird, im Vorteil. Wir können dann diese Zeitspanne optimal nutzen, in der alles im Zeitlupentempo abzulaufen scheint und das Gewicht der ganzen Welt auf unseren Schultern lastet, so viel Verantwortung haben wir in solchen Perioden unseres Daseins zu tragen. Die Kenntnis Saturns hilft uns auch in unseren Beziehungen. Von Saturn bekommen wir nichts geschenkt, und alles, was wir erreichen, ist das Ergebnis harter Arbeit. In einer Liebesbeziehung müssen sich die Partner mit den täglichen Problemen und mit Krisen auseinandersetzen, müssen lernen, ihre festgefügten Rollen zu verlassen und sich ihre Verantwortung zu teilen, damit sie nicht nur auf einem von ihnen lastet.

Saturn ist auch der Planet, der nach der Phase der Verliebtheit zwei Menschen zusammenhält und ihnen zeigt, daß außer romantischer Liebe noch andere Werte die Partner verbinden können: gegenseitiges Vertrauen, Respekt vor dem anderen und eine tiefe Kenntnis seiner Person.

Saturn in Kontakt zu Venus stellt in der Synastrie die Art von Liebe dar, die nach den ersten Gefühlsstürmen und der Verliebtheit folgt: sichere Zuneigung, ohne Projektionen, die uns im täglichen Leben mit dem anderen verbindet und ihn uns so zeigt, wie er ist.

Das saturnische Erwachen nach der Verliebtheit ist eine Krisenzeit; die Projektionen lösen sich auf, wir fühlen uns enttäuscht oder betrogen, wenn wir das wahre Gesicht des Partners entdecken. Das Gefühl, das uns mit ihm verbindet, verliert an Intensität, wir sind deprimiert und wissen nicht, ob wir die Beziehung fortsetzen sollen; etwas in uns ist gestorben – die romantische Liebe.

Wenn die Beziehung nicht tragfähig genug ist, kann auf diese Phase der Depression und Orientierungslosigkeit ein Sichentfernen vom anderen erfolgen. Die Partner schlagen unterschiedliche Wege ein und trennen sich. Es kann aber auch das Gegenteil eintreten; die Liebenden entdecken eine neue Art von Zuneigung, lernen sich als diejenigen zu akzeptieren, die sie sind, und achten einander. Die Bindung wird echt. Dies geschieht aber erst nach der Krise, die auf das »Erwachen« folgt.

Dritter Teil

Das integrierte Horoskop

Composit

Die Synastrie ermöglicht uns, die Anziehungs-, Übereinstimmungs- und Konfliktpunkte zwischen zwei Menschen zu bestimmen, und bietet uns dazu eine große Anzahl von Konstellationen zwischen den beiden Horoskopen, die wir deuten können. Das Composit hat eher synthetischen Charakter und läßt uns in einer bestehenden Beziehung rasch erkennen, auf welchen Gebieten Harmonie oder Unstimmigkeiten herrschen werden.

Wir müssen berücksichtigen, daß der Vergleich zweier Horoskope immer auf der Grundlage der Energien stattfindet, die zwischen zwei Menschen fließen, während das integrierte Horoskop als Horoskop der Beziehung selbst, die zwischen zwei Menschen besteht, interpretiert wird. Dieses weist uns auf die verborgenen Fähigkeiten hin, welche die Partner gemeinsam, als Paar, entwickeln könnten. Wenn beispielsweise in den jeweiligen persönlichen Horoskopen Konstellationen bestehen, die anregend auf die Kreativität wirken, etwa Merkur-Venus, Merkur-Mond oder Mond, Venus und Merkur im 3. Haus, was auf eine Begabung zum Schreiben und Erzählen hinweist, und sich im 5. Haus des integrierten Horoskops Composit-Mond, -Venus oder -Merkur befinden, kann man den Partnern empfehlen, dieses Talent gemeinsam zu pflegen und zu entwickeln.

Die Vielzahl an Informationen, die uns durch die Synastrie zur Verfügung stehen, können so widersprüchlich sein, daß sie uns in der astrologischen und psychologischen Deutung manchmal auf Abwege führen. Dazu ein Beispiel:

Zwei Horoskope weisen im Vergleich ein Trigon zwischen dem männlichen Mond und dem weiblichen Mars auf. Gleichzeitig finden wir auch ein Quadrat zwischen dem männlichen Mars und dem weiblichen Mond.

Das Trigon zeigt an, daß zwischen den beiden Personen seelische Übereinstimmung herrscht. Die Gefühle des Mannes werden durch die Leidenschaftlichkeit der Partnerin stimuliert und finden dadurch ihren Ausdruck. Die zweite Konstellation weist auf das Gegenteil hin: die Frau fühlt sich durch die Aggressivität des Partners ständig in ihren Gefühlen verletzt und angegriffen. Wir fragen uns natürlich, wie es möglich ist, daß sich in einer Beziehung nur einer seelisch wohlfühlt, während der andere leidet? Welcher der beiden synastrischen Aspekte wird im Zusammenleben schwerer wiegen? Durch welche Energie wird die seelische Verbindung stärker bestimmt? Vermutlich werden die beiden Energien abwechselnd in bestimmten Phasen zum Tragen kommen. Da aber auch die Reife und Persönlichkeit der Horoskopeigner Einfluß auf die positive oder negative Entwicklung der astrologischen Energien haben, kann einer der beiden Aspekte das Leben des Paares dominieren.[1]

Wenn jedoch Mars und Mond im Composit sich im Aspekt zueinander befinden, wird dieser entweder spannungsgeladen oder harmonisierend sein, aber nie beides gleichzeitig, weil Mars und Mond das Ergebnis der Halbsummen aus den beiden Radix-Monden und Radix-Marse sind. (Für die Erstellung des Composits empfehle ich das Buch von Robert Hand, »Planeten im Composit« aus dem Papyrus-Verlag.) Das integrierte Horoskop liefert also genaue und sichere Informationen über die seelische Übereinstimmung beider Partner.

Als astrologische Beraterin arbeite ich stets sowohl mit der Synastrie als auch mit dem Composit. Die erste Methode ermöglicht mir, den Energieaustausch zwischen den beiden Personen zu untersuchen und zu erkennen, was die beiden zueinander geführt hat. Innere Verwandtschaften, Ergänzendes und Gegensätzliches können so erkannt werden.

Durch das integrierte Horoskop erhalte ich Hinweise darauf, wie die entstandene Beziehung von den Partnern gestaltet werden wird. Manchmal liefert das Composit auch die Bestätigung dessen, was ich bereits aus den Geburtsthemen und dem Vergleich ihrer Horoskope geschlossen habe.

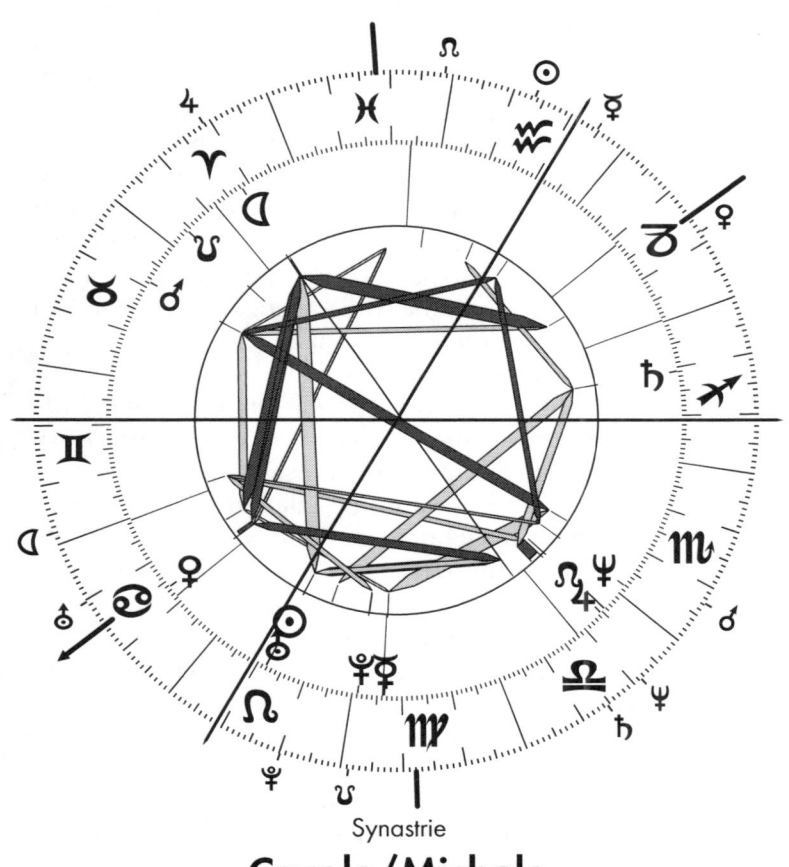

Synastrie

Carola/Michele

Sind die Bedürfnisse der Partner im seelischen, gefühlsmä-
ßigen und körperlichen Bereich sehr unterschiedlich, so wird
ihre Verbindung nicht unproblematisch sein: die Synastrie
kann dann Aspekte aufzeigen, die Anziehung und körper-
liches Begehren ausdrücken. Dadurch wäre verständlich,
warum zwei so unterschiedliche Menschen eine Beziehung
eingegangen sind. Im Composit wird aber die Nichtüberein-
stimmung sichtbar und bestätigt den ersten, aus den Geburtshoroskopen gewonnenen Eindruck: daß das Zusammenleben
ein gemeinsamer Kreuzweg werden könnte – es sei denn, die
Partner finden eine Möglichkeit, konstruktiv zusammenzuleben, Toleranz zu üben und die Andersartigkeit des geliebten
Menschen zu verstehen und schätzen zu lernen.

In anderen Fällen konnte ich feststellen, daß die Synastrie
zwar viele auf Anregung und Übereinstimmung deutende
Konstellationen lieferte und die Analyse der einzelnen Horoskope auf viele Gemeinsamkeiten hinwies, die Konstellationen im Composit aber spannungsgeladen und schwierig
waren. Eine solche Beziehung ist dann in Gefahr, gerade
durch die starken Spannungen im Zusammenleben zugrunde
zu gehen.

Im Beispiel von *Carola* und *Michele,* deren Geburtsthemen
ich in einem vorhergehenden Kapitel (»Projektionen«) besprochen habe, können wir einige synastrische Aspekte feststellen, die nach astrologischer Tradition gute Aussichten für
eine Ehe bedeuten, wie beispielsweise die exakte Konjunktion
zwischen Micheles Jupiter und Carolas Mond, oder die als er-
gänzend geltende Opposition zwischen den beiden Venuspo-
sitionen, die Konjunktion von Carolas Venus zum Aszendenten im Krebs beim Ehemann, das Trigon zwischen ihrem Mars
und seiner Venus, das Trigon zwischen ihrem Jupiter und seiner Sonne sowie das Sextil zwischen ihrem Mond und seinem
Uranus, ihrer Sonne und seinem Saturn.

Es bestehen auch spannungsgeladene Aspekte, wie zum
Beispiel ihre Venus im Quadrat zu seinem Mond, die Opposition zwischen beiden Marspositionen, die Opposition zwischen ihrem Mond und seinem Saturn oder das Quadrat zwischen ihrer Venus und seinem Saturn, doch ist dieses eher als

Composit
Carola/Michele

positiv und anregend zu werten, da eine »gesunde Mischung« immer aus einem Gleichgewicht von spannungsgeladenen und harmonisierenden Aspekten besteht.

Die Betrachtung der einzelnen Horoskope ergibt auch Hinweise auf Affinitäten: Bei Michele sind die Luftzeichen dominant, Carola hat den Aszendenten in den Zwillingen, und ihre Sonne in Konjunktion zu Uranus dürfte auch einen Verbindungspunkt darstellen, da Michele im Zeichen des Wassermanns geboren ist. Wir wissen aber, daß Carola die uranusbetonte Seite ihres Wesens bisher nicht gelebt hat. Micheles Aszendent steht in dem Zeichen, in dem sich Carolas Venus befindet, und sein Mond in dem Zeichen, in dem der Aszendent seiner Frau steht. Anziehungspunkte sind also vorhanden, und theoretisch sollte die Ehe gut sein.

Im Composit erkennen wir aber auf den ersten Blick, wie problematisch und wenig befriedigend das Zusammenleben sein muß: Die Spannungen betreffen die für die Paaranalyse wichtigsten Planeten, nämlich Sonne, Mond, Venus, Saturn, Merkur und Jupiter.

Ein explosiver Pluto steht in Konjunktion zum Immum coeli, an der Spitze desjenigen Hauses, das im integrierten Horoskop für das Familien- und Zusammenleben steht. Er befindet sich im Quadrat zum Mond im 12. Haus (Konflikte werden von unbewußten Mechanismen bestimmt) und im Quadrat zu Merkur, dem Planeten des Dialogs und der Kommunikation.

Dieser Planet wiederum steht zusammen mit Saturn im 6. Haus, dem Bereich des Alltags, das wie das 4. Haus für das alltägliche gemeinsame Leben steht, für die Pflichten und Verantwortungen, welche die Partner füreinander haben.

Sonne und Mond in Konjunktion stehen zur Konjunktion von Merkur und Saturn in Opposition. Diese vierfache Opposition zwischen dem 6. und dem 12. Haus deutet auf die gesundheitlichen Probleme hin, die ihren Ursprung in den häufigen Partnerkonflikten haben.

Venus und Jupiter stehen im Quadrat zwischen den Häusern 5 und 8, die für die Sexualität, den freien Ausdruck, die Kinder (5. Haus) beziehungsweise erotische Verschmelzung, gemeinsames Vermögen und die Fähigkeit zur Erneuerung (8. Haus) von Bedeutung sind.

Wie wir bereits im Kapitel über Projektionen feststellen konnten, war die Ehe für beide Partner eine Enttäuschung und Streitigkeiten waren an der Tagesordnung. Ich arbeite auch gerne mit dem Composit, weil diese Methode auch in Hinblick auf Prognosen ihre Gültigkeit hat. Es können sowohl Transite wie Progressionen berechnet werden, so daß es dem Astrologen möglich ist, für das Leben eines Paares wichtige und bedeutsame Perioden oder Phasen zu erkennen.

Die Konflikte und das Auseinanderleben, die schließlich zur Trennung von Carola und Michele führten, hatten zu der Zeit begonnen, als Pluto im Transit sich meist in Konjunktion zu Saturn und in Opposition zur Sonne befand, und dann in Konjunktion zu Merkur, in Opposition zum Mond und in einem weiten Quadrat zu Pluto. Der transitierende Saturn stand in Konjunktion zu Jupiter und bildete ein Quadrat zu Venus.

Manche Astrologen erstellen für ein Composit auch ein Solarhoroskop und suchen aus den Ephemeriden den Tag und die genaue Zeit heraus, zu der sich die Sonne in der gleichen Position und den gleichen Graden befindet wie die Composit-Sonne. Ich habe dies mit einigen integrierten Horoskopen auch versucht, die meine eigenen Beziehungen betreffen und dabei interessante Ergebnisse erhalten. Es existieren über diese Methode bislang weder in Büchern noch in Artikeln Erfahrungsberichte, und meine Composite sind nicht so zahlreich, daß man daraus genaue Schlüsse ziehen könnte, so daß ich davon wieder abgekommen bin.

Das Composit bietet auch die Möglichkeit, zu verstehen, wie eine Person an wichtige Ereignisse herangeht – zum Beispiel eine Heirat, den Beginn einer neuen Arbeit oder die Geburt eines Kindes.

Errechnet man ein Composit aus dem Horoskop des Ereignisses und dem der Person, so kann man daraus die Haltung und Einstellung dieses Menschen zu diesem Thema erkennen.

Um zu begreifen, mit welcher Einstellung Michele und Carola ihre Ehe eingegangen sind, habe ich das Horoskop dieses Ereignisses berechnet und zwei getrennte Composite mit den Horoskopen der Partner erstellt.

Meine größte Aufmerksamkeit hat dabei eine Konstellation im Composit Michele/Heirat erregt: Pluto in Konjunktion zu Uranus und beide im Quadrat zum Composit-Aszendenten. Die Konjunktion der beiden Planeten ist an der Spitze des 5. Hauses plaziert, die den freien Selbstausdruck und die Kinder symbolisiert. Sie können es sicher erraten: die Heirat fand statt, weil ein Kind unterwegs war.

Im Sommer vor der Heirat, als die beiden zusammenlebten, hatte Michele Zweifel an der Verbindung bekommen, und der Gedanke an Trennung war zum ersten Mal aufgetaucht. Dann teilte Carola ihm mit, daß sie ein Kind erwartete. Eine unerwartete Schwangerschaft gerade dann, wenn eine Trennung bevorsteht, ist oft ein »ungewolltes« Ereignis, das den Bruch verhindern soll – denn selbst wenn es doch zu einer Trennung kommen sollte, stellt ein Kind im Guten wie im Bösen eine Bindung und Verpflichtung zwischen zwei Menschen dar.

In ihrem Buch *Erkennen und Heilen von Pluto-Problemen* beschreibt die amerikanische Astrologin Donna Cunningham dieses Problem und erklärt es folgendermaßen: »Aus astrologischer Sicht herrscht Pluto über Schwangerschaft und Fortpflanzung, und viele Schwangerschaften entstehen unter wichtigen Plutotransiten über die Winkel, den Mond oder über den Planeten des 5. oder 8. Hauses. Pluto herrscht auch über verborgene Motivationen, Manipulationen, Rache, Machtkämpfe, raffinierte Versuche, andere zu kontrollieren und besitzergreifendes Verhalten. Bei vielen Frauen mit ›ungewollten Schwangerschaften‹ schienen eines oder einige plutonische Motive im Spiel zu sein. Da eine Bewußtmachung dieser Beweggründe den Zweck der Schwangerschaft in Frage stellen würde, verdrängten die Frauen sie zumeist und alles, was sie bewußt verspürten, war Empörung über diesen Zustand.«[2]

Als Carola schwanger wurde, transitierte Pluto über ihren

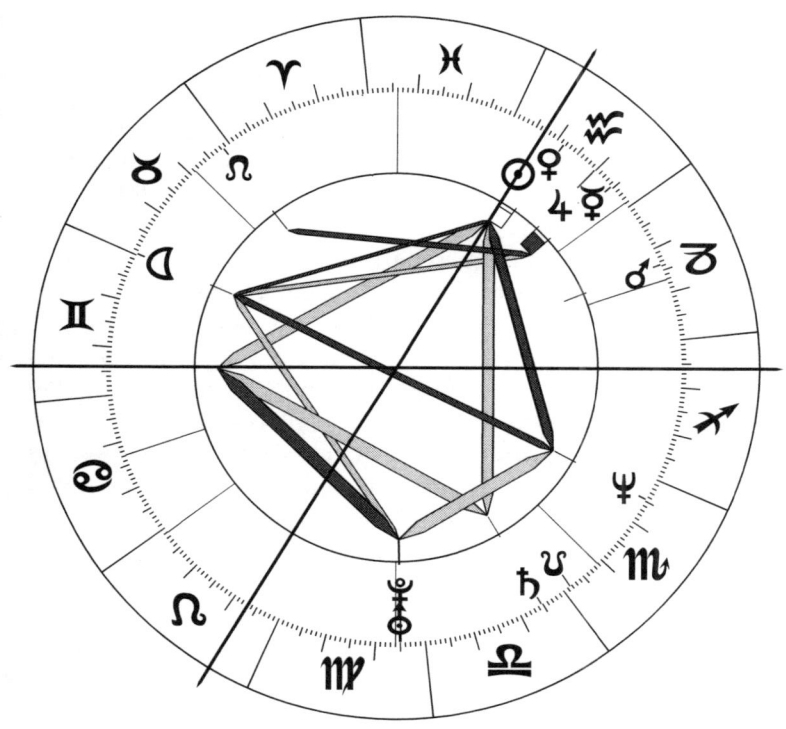

Composit
Michele/Heirat

Radix-Jupiter und den Mondknoten. Das Composit zwischen Michele und Carola wird durch den dominierenden Pluto bestimmt, der in Konjunktion zur Spitze des 4. Hauses plaziert ist. Wie die Grafik zeigt, weist auch das Horoskop der Hochzeit eine Opposition zwischen Mond (Schwangerschaft) im 12. Haus (unbewußte Beweggründe) und Pluto sowie Saturn auf.

Das Kind, das aus dieser Verbindung geboren wurde, hat Pluto auf 29 Grad Waage in Konjunktion zu seinem Aszendenten, der in den ersten Graden des Skorpions steht.

Donna Cunningham schreibt weiter in dem Kapitel über »erzwungene« Schwangerschaften: »Michael Lutin erzählte mir kürzlich, daß viele seiner Klientinnen schwanger wurden, als Pluto die Waage verließ und sie sich damit an eine Beziehung klammerten, die bereits tot war. Die Pluto-Saturn-Konjunktion fand gegen Ende der Waage statt, und bei meinen Forschungen entdeckte ich, daß sowohl die Pluto-Saturn-Konjunktion des Jahres 1982 als auch die von 1947/48 mit einem deutlichen Anstieg der Geburtenziffern einhergingen, möglicherweise aus plutonischen Gründen.«[3]

Die Tatsache, daß im Composit aus den Horoskopen Micheles und des Tages der Eheschließung Pluto in Konjunktion zu Uranus steht, ist von höchster Bedeutung und zeigt, wie sich Michele auch von den Familien zu diesem Schritt verpflichtet und gezwungen fühlte. Uranus macht deutlich, wie sehr er sich wünschte, zu flüchten und alles hinter sich zu lassen. Saturn im Trigon zum Aszendenten jedoch weist darauf hin, daß das Verantwortungs- und Pflichtgefühl seiner Partnerin gegenüber doch stärker war. In der Nacht vor der Hochzeit träumte Michele, er befände sich in einem Sumpf, in einer völlig grauen Landschaft, und der Schlamm, in dem seine Füße steckten, machte ihm jede Bewegung unmöglich. Dieser Traum bedarf wohl keiner weiteren Interpretation...

Der Mond in Opposition und die Sonne im Quadrat zu Neptun deuten auf einen Zustand innerer Verwirrung hin, auf unklare Beweggründe. Neptun schwächt und vernebelt die Entscheidungs- und Ausdruckskraft der Sonne: der Horoskopeigner geht eine Ehe ein und hat keinerlei klare Vor-

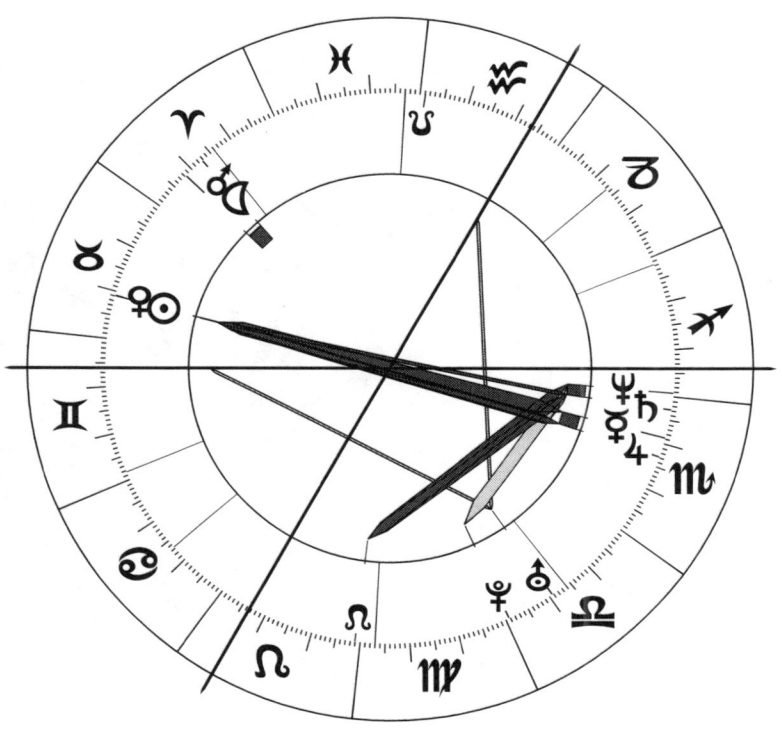

Composit
Carola/Heirat

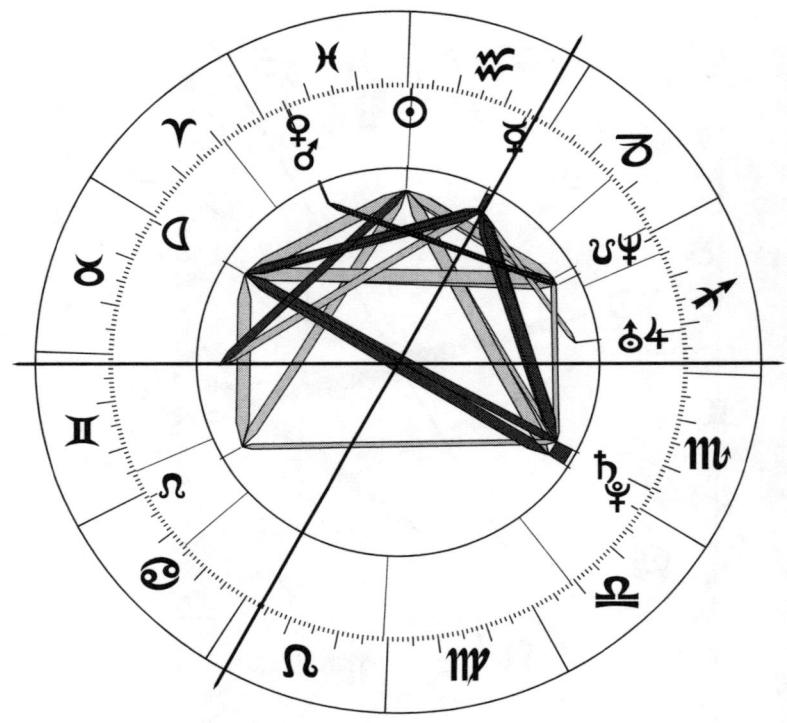

Ereignishoroskop
Heirat Carola/Michele

stellungen darüber, wie diese in Zukunft bestehen soll. Vielleicht machte er sich an jenem Tag Illusionen und versuchte, sich selbst davon zu überzeugen, daß seine Entscheidung richtig war. Neptun im Quadrat zur Sonne bedeutet, daß Michele nicht die Kraft hatte, sich zu widersetzen, und sich von den Ereignissen treiben ließ.

Der Mond in Konjunktion zu Mars im 12. Haus des Composits Carola/Heirat gibt zu verstehen, daß Carola sich zum Teil nicht bewußt war, mit welchen Mitteln sie Michele dazu brachte, ihre Verbindung zu legalisieren. Die Freude über den Tag (Sonne in Konjunktion zu Venus: Heirat) war getrübt durch dunkle Gedanken und Zweifel daran, daß die tagtägliche Gemeinsamkeit gelingen würde. (Sonne-Venus in Opposition zu Jupiter-Merkur und Merkur in Konjunktion zu Saturn im 6. Haus). Pluto im 5. Haus erinnert uns nochmals an den Grund für die Heirat.

Nun noch ein Blick auf das Horoskop des Hochzeitstages: Außer der bereits erwähnten Opposition Saturn-Pluto, die für die Schwangerschaft als Mittel zum Zweck steht sowie für die Konflikte, die die Partner während der gesamten Dauer der Ehe auszutragen hatten, finden wir auch die Sonne im Quadrat zum Aszendenten. Dieser Aspekt bedeutet, daß beide in ihrer Partnerschaft ihre eigene Persönlichkeit nicht frei zum Ausdruck bringen konnten: das Verhalten des einen blockierte die Ausdrucksmöglichkeiten des anderen. Dies wird auch durch das Quadrat Saturns zum Medium coeli und seine Opposition zum Mond bestätigt. Die Schwierigkeiten, sich auf konstruktive Weise zu verständigen, werden durch Merkur im Quadrat zu Saturn-Pluto und zum Mond dargestellt: Konflikte wurden häufig unterdrückt oder kamen bei anderen Gelegenheiten auf explosive Weise zum Vorschein. Vor allem, wenn Gefühle beteiligt waren, handelten beide Partner unkontrolliert und verwendeten Worte als Machtmittel. Uranus in Konjunktion zu Jupiter im 7. Haus verstärkt den Drang nach Freiheit und Abwechslung bei einem der Partner. Wie wir wissen, war dies Michele.

Das Composit nach Robert Hand

Wenn ich mit dem Composit arbeite, wende ich die Regeln an, die Robert Hand in seinem Buch *Planeten im Composit* folgendermaßen beschreibt:[4]

1. *Die Sonne* stellt die Energie dar, die von dem Paar ausgeht. Ist sie durch schwierige Aspekte verletzt, wird die Spontaneität der Partner blockiert, und die Beziehung gestaltet sich einengend und frustrierend.
Das Haus, in dem die Sonne steht, liefert Informationen über gemeinsame Erfahrungen und Ereignisse, welche die Beziehung betreffen.
Die Konstellationen der Sonne mit anderen Planeten beschreiben den Energieaustausch und das Verhalten der Partner innerhalb ihrer Partnerschaft.[5]
Als Beispiel soll uns hier das Composit von Antonella und Jean-Marc dienen (ohne Abbildung):
Zwischen den beiden hat nie eine Liebesbeziehung bestanden, dafür eine sehr schöne Freundschaft. Die Sonne an der Spitze des 8. Hauses deutet auf eine tiefgehende Beziehung hin; zusammen mit der Konjunktion zwischen Mond und Venus am Deszendenten sagt uns diese Konstellation, daß es sich um eine Seelenverbindung und emotionale Beziehung handelt. Da Antonella in Italien und Jean-Marc in Frankreich wohnt, unterhalten die beiden seit fast 15 Jahren einen regen Schriftwechsel. Die Sonne in Konjunktion zu Merkur (Kommunikation, Schriftliches), und beide im Sextil zu Saturn (die Zeit) symbolisieren diesen für beide sehr wichtigen und anregenden Schriftwechsel. Die Sonne in Opposition zu Uranus im 2. Haus bestätigt, daß die Freunde sich nur gelegentlich sehen können, weil sie in unterschiedlichen Ländern leben und die Häufigkeit ihrer Besuche auch davon abhängt, ob sie genügend Geld gespart haben, um sich einen Auslandsurlaub leisten zu können.

2. Die Analyse des *Mondes* gibt Aufschluß über die Art der Gefühlsbeziehung zwischen den beiden Partnern. Seine Stellung in den Häusern verdeutlicht, auf welche Weise die Liebenden Sicherheit in ihrem Gefühlsleben suchen, was sie brauchen, um sich zu entspannen, sowie die Art der gemeinsamen Erfahrungen, nach denen das Paar strebt, welche sie innerlich und gefühlsmäßig befriedigen, aber auch wie sie spontan auf Störungen ihrer Intimität durch Einflüsse von außen reagieren.[6] Spannungsgeladene Aspekte des Mondes zu anderen Planeten sind Anzeichen für Konflikte im Gefühlsbereich.

Das Composit von Stefano und Cinzia weist auf eine sehr befriedigende und tiefgehende Gefühlsbeziehung hin: der Mond in Konjunktion zu Pluto deutet an, daß der Gefühlsaustausch tief und intensiv ist – zwar nicht ohne Spannungen, doch werden diese durch das Sextil gemäßigt, das die beiden Planeten mit Neptun und zum Aszendenten bilden. Die harmonische Konstellation zwischen Mond und Neptun bedeutet, daß beide in der Beziehung nach einer mystischen und emotionalen Vereinigung der Seelen streben. Zwischen Cinzia und Stefano besteht eine telepathische Verbindung, die sie vereint, auch wenn sie getrennt sind; sind sie zusammen, so spürt jeder intuitiv, was der andere denkt oder fühlt.

Da der Mond in Konjunktion zu einem dominanten Pluto (Sextil zum Aszendenten) steht, sind tiefe Gefühle charakteristisch für diese Paarbeziehung. Das gemeinsame Interesse am Lernen, an Bildung und Gesprächen drückt sich in der Stellung des Mondes im 3. Haus aus.

3. Tritt im Composit ein *Stellium* auf (Gruppierung von Planeten in einem Haus), so ist diesem besondere Beachtung zu schenken, denn daraus können wir schließen, in welchem Bereich die wichtigsten Ereignisse stattfinden werden, die für diese besondere Beziehung charakteristisch sind, und nach welchen gemeinsamen Erfahrungen das Paar strebt (dies kann auch aus der Stellung des Mondes geschlossen werden).[7]

Das Stellium (Venus, Merkur und Sonne) im 5. Haus des integrierten Horoskops von Simone de Beauvoir und Jean-Paul Sartre spiegelt die durch Kreativität gekennzeichnete Beziehung des Paares wider. Die italienischen Astrologen A. Costanzo und A. Stancati schreiben in einem Artikel über die beiden Philosophen, daß diese miteinander Ideen »gezeugt« hätten, als wären es Kinder. Das Stellium im 5. Haus und gleichzeitig ein leeres 7. Haus stehen in ihrem Composit für die Tatsache, daß sie ihre Beziehung nie legalisierten und immer »nur« ein Liebespaar blieben.

4. Das *1., 5., 7. und 11. Haus* müssen genau untersucht werden. Ich selbst beziehe auch noch das *6.* und *8. Haus* in die Analyse mit ein.
Das 1. Haus steht für das Äußere – wie ein Paar sich nach außen hin darstellt und welche Wirkung es auf die anderen hat. Stehen Planeten am Aszendenten, so sind diese dominant und können das ganze Horoskop beeinflussen.
Das 5. Haus ist der Bereich, in dem sich die Partner in und außerhalb ihrer Beziehung spontan ausdrücken und verwirklichen möchten. Dazu gehört auch der Wunsch nach Kindern und das Verhältnis der Partner zu diesen. Das 5. Haus ist – wie auch das 8. Haus, das ich für sehr wichtig halte – das Haus der Sexualität. Das sexuelle Erleben, das dem 5. Haus zugeordnet wird, ist instinktiv und rein physisch, ausgerichtet auf die Befriedigung der Sinne. Liebende mit den sexuellen Planeten (Venus, Mars) in diesem Bereich des Composit suchen gemeinsame Lust und Vergnügen und erleben Sexualität fröhlich und unbefangen (natürlich nur, wenn die Planeten nicht verletzt sind).
Das sexuelle Erleben im *8. Haus* geht tiefer und über rein körperliche Aspekte hinaus. Die Liebenden suchen nach einer Vereinigung von Körper, Geist und Seele. Dabei kann es zu ekstatischen und in ihrer Intensität schmerzhaften Gefühlen kommen. Der Orgasmus erfaßt jede Faser des Körpers und läßt die Partner eins werden in ihrem

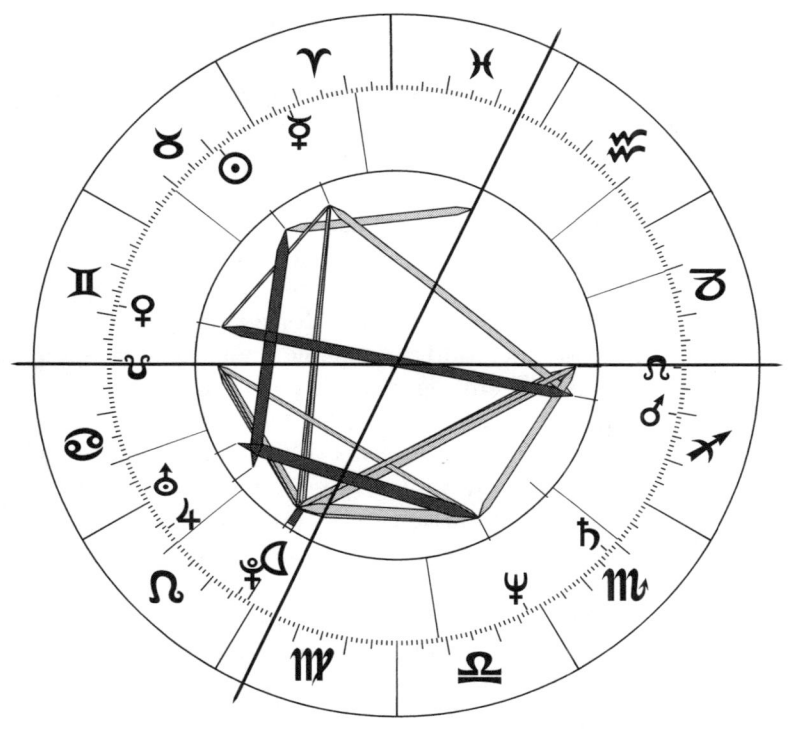

Composit
Stefano/Cinzia

Fühlen. Dazu möchte ich aus dem Roman *Das blutende Herz* von Marilyn French zitieren:

»Schließlich gingen sie ins Schlafzimmer und legten sich aufs Bett, ihre Hände fühlten sich wieder, hatten greifbare Substanz in ihrer Reichweite, Kleider, Fleisch, Wärme, kleine pochende Äderchen unter der weichen Haut, geschwungene Knochen. Sie zogen sich aus, rieben Körperteile aneinander, Wangen rieben sich, bis sie wund waren, Brustkörbe rieben sich aneinander – es war etwas, das noch ursprünglicher war als Sex, das unter der Sexualität lag. Ihre Finger zeichneten ihre Gesichter nach, diese beschriebenen Gesichter, mit Bahnen, die verfolgt werden konnten, Geschichten. Und als ihre Lippen sich berührten, sprang die Heftigkeit in ihrem Innern auf und überwältigte sie. Sie hielt sie gefangen, obwohl sie aus ihrem eigenen Innern kam. Es war ein Liebeskampf, in dem Fleisch versuchte, tiefer vorzudringen als bis zum Fleisch, zu etwas vorzudringen, das nicht mehr greifbar war, Greifen, Umschlingen, Halten alles in der Absicht, etwas zu fassen zu bekommen, das sich nicht greifen, umschlingen, halten ließ. Das eiserne Band umfing sie, und als sie ihm nachgaben, als außer ihm keine Realität mehr existierte, da strömte alles aus ihren Körpern heraus, was Angespanntheit und Abgrenzung war, und die Erleichterung, die mit diesem Loslassen einherging, kam ganz tief aus ihren Knochen, aus dem Mark selbst. Alles strömte aus ihnen heraus, wie wenn ein Körper in Schlaf sinkt.«[8]

Das 7. Haus zeigt das Paar als Einheit und beschreibt die Fähigkeit, eine feste Beziehung zu leben. Spannungsgeladene Aspekte in diesem Bereich lassen auf schwere Konflikte schließen. Stehen Saturn, Jupiter, Venus und Sonne unverletzt in diesem Haus, so ist anzunehmen, daß die Beziehung stabil sein wird, gleich ob als Ehe oder als Lebensgemeinschaft. Uranus im 7. Haus läßt vermuten, daß die Partner einander genügend Raum lassen müssen, wenn ihre Beziehung lebensfähig bleiben soll. Es kann sich aber auch um eine Partnerschaft außerhalb

aller traditionellen Muster handeln oder um eine sehr bewegte Beziehung, in der sich Trennungen und Versöh-
nungen abwechseln.

Das 11.Haus steht für die Fähigkeit, außer einer Liebes-
auch eine Freundschaftsbeziehung zu entwickeln und am
anderen Anteil zu nehmen. Es ist der Bereich der Ideenge-
meinschaft und symbolisiert – wie das 9. Haus – die gemeinsamen Ideale und die Weltsicht.

Das 3.Haus (Kommunikationsfähigkeit) und *das 4.Haus*
(gemeinsames Leben, gemeinsames Eigentum, Familie)
müssen ebenfalls analysiert werden.

Das 6.Haus erscheint mir im Leben eines Paares als sehr
wichtig, denn es umfaßt den Bereich des täglichen Zusammenlebens. Die Astrologin Tiziana Bertone schrieb vor
einigen Jahren einen sehr lehrreichen Artikel über die Bedeutung des 6. Hauses in Liebesbeziehungen.[9] Sie behauptet, es sei nicht Zufall, wenn sich zwischen dem 5. und
dem 7. Haus als den Häusern der Gefühlsbeziehungen das
Haus des alltäglichen Lebens befinde. Ihr zufolge stellt das
5. Haus das Stadium der Verliebtheit dar, in dem die geliebte Person häufig idealisiert und nicht so geliebt wird,
wie sie ist, sondern so, wie sie scheint. Das 7. Haus symbolisiert die darauf folgende Phase, nämlich die der Paarbeziehung, die nach der Idealisierung zu ihrer Stabilität gefunden hat. Die Autorin schreibt zu Recht:
»Die Liebe zu einer ganz bestimmten Person, die durch das
7. Haus verkörpert wird, ersetzt das Prinzip der ungebun-
denen Lust des 5. Hauses. Hierbei bekommt die Liebe tra-
gische Aspekte; man muß Verantwortung übernehmen.
Es ist kein Zufall, daß sich zwischen dem 5. und dem
7. Haus das 6. Haus befindet – der Bereich der Pflichten
und der täglichen kleinen Ärgernisse. Gerade im Alltag
aber, in dem man all die kleinen Erlebnisse und Erfahrungen miteinander teilt, sehen wir den anderen so, wie er
wirklich ist: ganz anders, als wir ihn uns vorgestellt haben.
Genau in diesem Erfahrungsbereich scheitern viele große
Lieben ganz kläglich.«[10]

Als Beispiel sollen uns hier *Klaus* und *Giulia* dienen:
Aus den beiden Geburtshoroskopen, der Synastrie und dem Composit erkennen wir sofort, daß das 6. Haus sowohl individuell als auch in der Paarbeziehung von größter Bedeutung ist. Im Geburtshoroskop von Klaus stehen dort Saturn im Quadrat zur Sonne sowie Neptun im Quadrat zum Medium coeli und zu Merkur, dem Herrscher des 6. Hauses. Bei Giulia ist dieses Haus von Saturn besetzt, der auch dessen Herrscher ist und im Quadrat zu Merkur steht, sowie von Jupiter, der sich im Quinkunx zu Uranus befindet.

Im Partnervergleich stehen Giulias Mond, Merkur, Venus und Pluto im 6. Haus von Klaus. Sein Merkur und Mars fallen ins 6. Haus seiner Frau.

Im integrierten Horoskop stehen fünf Planeten (Saturn, Venus, Sonne, Merkur und Mars) und der absteigende Mondknoten im 6. Haus:

Dieses Paar lebt ständig in der Krise, wobei die heftigsten Konflikte durch Alltagsprobleme entstehen. Klaus ist intelligent und ehrgeizig und hat in wenigen Jahren in Sardinien ein einträgliches Fremdenverkehrsunternehmen aufgebaut. Damit hat er sich einen lang gehegten Traum verwirklicht und dafür viel Energie investiert. Er hat zwar mehrere Angestellte, arbeitet aber immer auch noch selbst mit und tut dies mit Liebe und Begeisterung. Von seiner Frau erwartet er das gleiche. Giulia hilft gelegentlich, ihre Zeit und Kraft werden aber von den beiden Kindern in Anspruch genommen, die sie in der kurzen Ehe bereits geboren hat. Der zweite Sohn kam zur Welt, als der erste gerade zu laufen begann. Selbst wenn sie wollte, könnte sie also ihren Mann bei seiner Arbeit nicht in einem größerem Maß unterstützen.

Während Klaus sein Ferienparadies schuf und sich dadurch verwirklichte, widmete sich Giulia der Pflege und Erziehung der Kinder und dem Haushalt. Für andere Paare wäre dies vielleicht ein perfektes Arrangement: Der Ehemann arbeitet, die Frau ist für Kinder und Haus zuständig, zumindest solange der Nachwuchs noch klein ist. Für Klaus und Giulia ist dies aber ein beständiger Anlaß zu Konflikten. Beide fürchten sich vor den alltäglichen und familiären

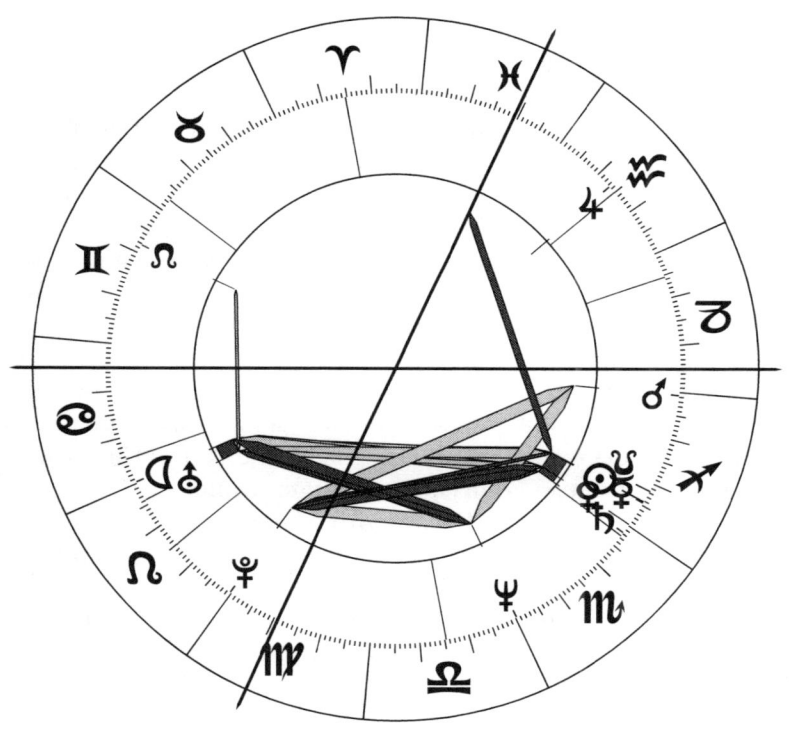

Composit
Giulia/Klaus

Pflichten und flüchten davor (beider Saturn und Klaus' Neptun im 6. Haus, während Giulia eine Sonne-Neptun-Konjunktion im 4. Haus hat). Dabei machen sie sich diese Haltung gegenseitig zum Vorwurf und merken nicht, wie sehr sie einander darin ähnlich sind.

Klaus stürzt sich in die Arbeit, um die ständige Nähe der Familie und die damit verbundenen Verpflichtungen nicht ertragen zu müssen. Giulia hingegen präsentiert sich den anderen gegenüber als die Person, welche die Aufgaben in Haus und Familie besser bewältigt. Sie erlebt diese jedoch als Zwang und wird täglich unduldsamer und deprimierter. Ihre nach innen gelenkte Wut verschafft sich häufig ein Ventil in Form von psychosomatischen Störungen (Mond als Herrscher des 12. Hauses in der Jungfrau und in Konjunktion zu Pluto).

Die Geburt des ersten Kindes war Anlaß zum Abbruch ihrer Berufstätigkeit gewesen, die sie erst kurz zuvor mit großer Freude begonnen hatte: Gesichtskosmetik und Ganzkörperbehandlungen (Venus in der Waage, Jupiter im 6. Haus). Da die Kinder nun den Kindergarten besuchen, würde Giulia gerne ihre Arbeit wieder aufnehmen, doch braucht auch ihr Mann zunehmend Hilfe in seinem Unternehmen, für das er die Verantwortung trägt. Da das Personal knapp ist (Saturn im 6. Haus) muß Giulia ihn in ihrer freien Zeit unterstützen. So brechen die Streitigkeiten am Arbeitsplatz aus, anstatt innerhalb der häuslichen Wände: Klaus ist ein Perfektionist (Sonne in Steinbock in Quadrat zu Saturn im 6. Haus) und selten mit der Arbeit seiner Frau zufrieden, sei es nun im Haus oder in seinem Unternehmen. Guilia wirft ihm vor, daß er sie wie eine Angestellte behandelt und schwört bei jedem Streit, daß sie nie wieder den Arbeitsplatz betreten würde. Beide haben das Gefühl, zuviel in die Beziehung zu investieren und zu wenig zu bekommen. Es ist ihnen unmöglich, ein Gleichgewicht im Geben und Nehmen zu erreichen (Venus in Konjunktion zu Saturn im 6. Haus des Composits). Giulia fühlt sich ausgebeutet und meint, sich für die Familie aufzuopfern und dafür aber nur Vorwürfe zu ernten. Klaus hingegen ist, wie auch sein Horoskop zeigt,

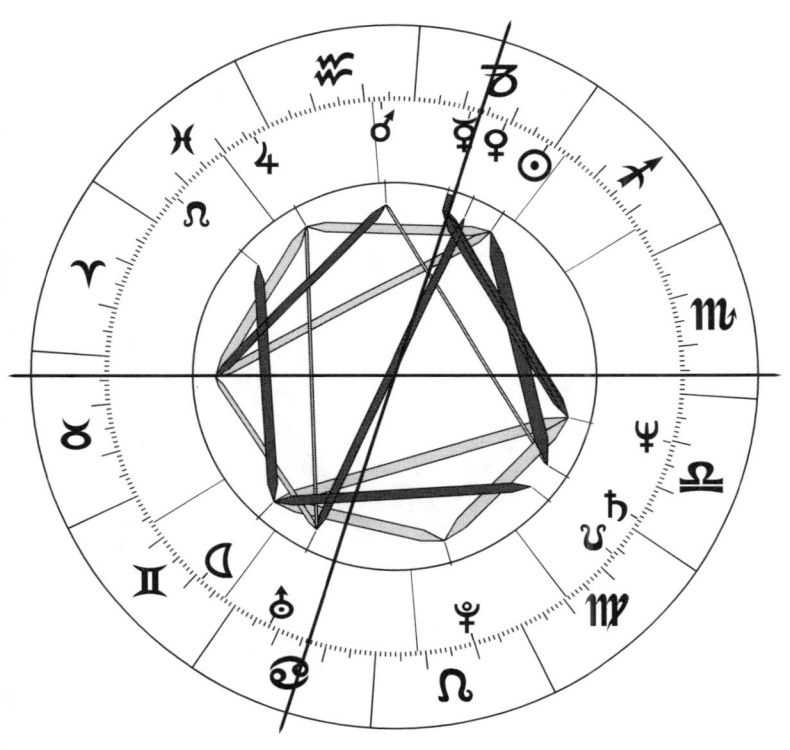

Radix

Klaus

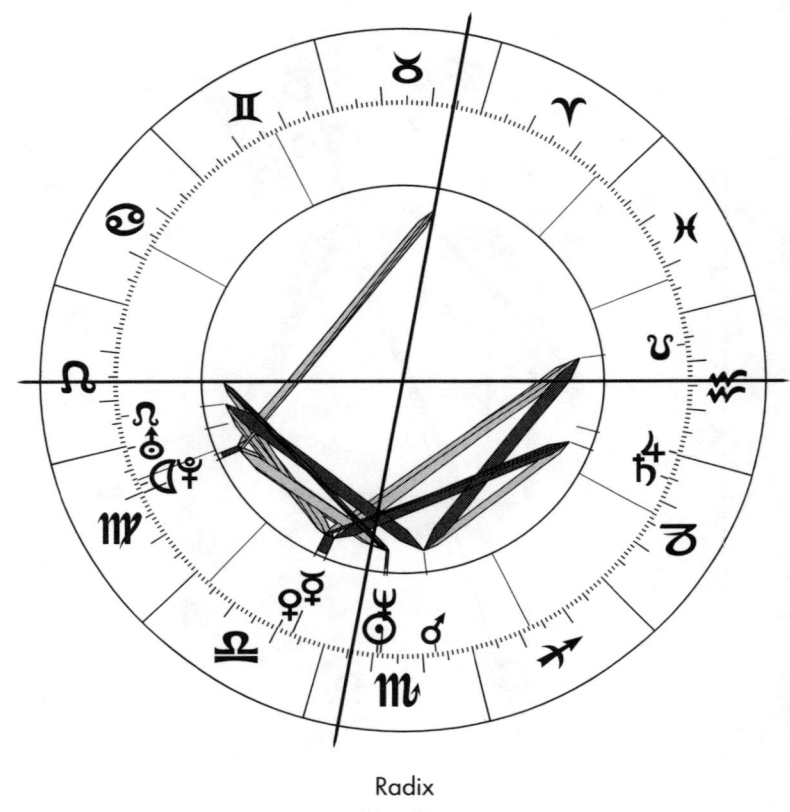

Radix

Giulia

sehr dynamisch und leistungsfähig und stellt höchste Ansprüche an die anderen (Sonne in Steinbock, Mars im Quadrat zum Aszendenten). Er legt großen Wert auf die Sicherheit, die er sich schwer erarbeitet hat (er stammt aus einer Bauernfamilie und hat »von Null« an angefangen – Sonne im Steinbock, Aszendent Stier) und kann es nicht ertragen, daß seine Frau so wenig Interesse für seine Arbeit zeigt. Medium coeli im Steinbock mit Saturn als herrschenden Planeten im 6. Haus und die Konjunktion Venus-Merkur mit dem Medium coeli stellen in seinem Geburtshoroskop dar, wie lebenswichtig für ihn seine Arbeit und seine persönlichen Ziele sind. Das unbesetzte 7. Haus im Vergleich zum mächtigen 10. Haus bedeutet, daß die Ehe auf seiner persönlichen Werteskala einen untergeordneten Platz einnimmt.

Es könnte nun Aufgabe dieses Paares sein, mehr Verantwortungsgefühl für den anderen, mehr Interesse und Verständnis für die Arbeit des Partners zu entwickeln; die beiden müßten sich die Alltagspflichten teilen. Giulia könnte versuchen, die Anstrengungen besser zu würdigen, die ihr Mann unternimmt, um auch ihr und den Kindern finanzielle Sicherheit zu bieten, und mit ihm zusammenzuarbeiten. Klaus seinerseits müßte versuchen, mehr Zeit in der Familie zu verbringen, mit Frau und Kindern, anstatt sich in fieberhaftes Arbeiten zu flüchten. Vielleicht könnte Giulia auch ihre Arbeit als Kosmetikerin wieder aufnehmen – eventuell im Feriendorf ihres Mannes – und so einen Ausgleich zu den häuslichen Pflichten und dem täglichen Einerlei schaffen. Auf diese Weise wären die Ehepartner einander nahe und könnten doch ihrer eigenen Tätigkeit nachgehen.

Durch die Analyse der Planeten *Venus* und *Mars*, ihrer Stellung in den Häusern und ihrer Aspekte zueinander erhalten wir Auskunft über die körperliche Übereinstimmung und Zuneigung zwischen den Partnern. Venus und ihre Aspekte beschreiben die erotische Anziehung, die erotischen Spiele und die Zuneigung zwischen den Partnern. Mars verkörpert das Begehren und die sexuelle Potenz. Die Aspekte zwischen diesen beiden Planeten zeigen uns, ob sich das wechselseitige körperliche Verlangen und die Zuneigung in Harmonie befinden oder ob in deren Verhältnis Störungen und Behinderungen bestehen.

Die Konstellationen, die Venus und Mars im Aspekt zueinander und mit anderen Planeten bilden, geben Auskunft darüber, ob neben Zuneigung und Sexualität auch noch andere Faktoren eine besondere Rolle spielen, und zeigen an, in welcher Weise diese beiden Komponenten gelebt werden können. Als Beispiel kenne ich ein Composit mit einer Konjunktion zwischen Venus und Mars; Venus im 1. Haus steht gleichzeitig im Quadrat zu Pluto im 10. Haus, während Mars auf der Spitze des 2. Hauses sich in Opposition zu Jupiter im 8. Haus befindet. Für dieses Paar ist Sexualität ein Machtmittel; einer oder beide Partner könnten sich dessen bedienen, um den anderen zu demütigen oder an sich zu ketten. Mars im 2. Haus in Opposition zu Jupiter verrät uns, daß Geld, Geschenke oder Zugeständnisse dazu benutzt werden könnten, um vom anderen körperliche »Leistungen« oder Zustimmung zu erreichen. Diese Konfiguration könnte sich im Horoskop einer Mätresse und ihres vermögenden Liebhabers befinden, oder in dem eines Gigolo und seiner reichen Gönnerin. Aber auch die Hausfrau, die nur mit ihrem Mann schläft, wenn er ihr mehr Taschengeld zur Verfügung stellt, könnte im Composit eine solche Konstellation aufweisen.

Die *Planeten an den Achsen* (Aszendent-Deszendent, Medium coeli–Immum coeli) des Horoskops müssen aufgrund ihrer Dominanz immer sorgfältig untersucht werden. Sie geben uns Informationen über die Qualität der Beziehung. Steht Venus an einer der Achsen, so handelt es sich zweifellos um eine Liebesbeziehung. Gefühle werden zwischen diesen beiden Menschen immer eine wichtige Rolle spielen. Auch wenn die Liebesgeschichte vielleicht einmal zu Ende ist, werden sie immer noch mit Zuneigung aneinander denken. Auseinandersetzungen innerhalb der Beziehung tun der Liebe keinen Abbruch.

Die *Planeten am Aszendenten* verlangen ebenfalls nach einer genauen Analyse – sie beschreiben den Eindruck, den das Paar bei anderen hinterläßt.

Ein mir bekanntes Paar hat einen Composit-Mars in Konjunktion zum Aszendenten: bei Freunden oder auf Festen beginnen die beiden unweigerlich, sich zu streiten und werden allgemein für ein »unmögliches Paar« gehalten.

Ein Paar, das aus dem traditionellen Rahmen fällt, wie zum Beispiel eine Beziehung zwischen einer Frau und ihrem deutlich jüngeren Gefährten, kann gekennzeichnet sein durch Uranus am Aszendenten oder an den Achsen des integrierten Horoskops. Saturn in einer solchen Stellung weist oft auf eine Verbindung zwischen einem älteren Mann und einer sehr viel jüngeren Frau hin, wobei der reifere Partner dann die Rolle des väterlichen Liebhabers übernimmt.

Die Häuserstellung und Aspekte des Planeten *Saturn* sind überaus wichtig für die Dauer und Struktur einer Beziehung und daher eingehend zu betrachten.

Spannungsgeladene Aspekte dieses Planeten können einem Partner den Eindruck vermitteln, dem anderen »etwas zu schulden«, oder beiden Partnern, »etwas opfern zu müssen« für die Beziehung: persönliche Freiheit, das Studium, die Arbeit oder die eigene Freizeit. Eine Teilnehmerin an einem Seminar über Partnerschaftsastrologie erzählte mir, sie habe ständig das Gefühl, ihrem Mann etwas schuldig zu sein und deshalb in verstärktem Maß die Verantwortung für die Ehe tragen zu müssen. Dieses zwanghafte Verantwortungsgefühl schränkt ihre Selbstentfaltung ein und blockiert sie in allem, was sie für sich selbst tun möchte.

Das Composit zeigt uns das Paar als Einheit, nicht die Partner als Individuen, und kann uns daher keine Auskunft darüber geben, wer auf wen einschränkend wirkt, wenn Saturn im Aspekt zu den persönlichen Planeten steht. Um dies zu erfahren, müssen wir immer auch die Einzelhoroskope heranziehen. Hat ein Partner in seinem Geburtshoroskop einen sehr starken Saturn, so wird mit großer Wahrscheinlichkeit er derjenige sein, welcher den anderen einengt. Die Synastrie kann dazu weitere Informationen liefern: in diesem Falle wird der Saturn eines Partners einen Aspekt zu den persönlichen Planeten oder dem Aszendenten des anderen bilden.

Nach Untersuchung aller bisher genannten Faktoren müssen wir uns auf die noch ungeklärten Punkte konzentrieren und in der Synthese unsere Schlüsse ziehen, indem wir alle Hinweise aus dem Composit bewerten und einordnen. Danach erfolgt die Gesamtbeurteilung unserer Arbeit: Die Informationen aus den Einzelhoroskopen, aus der Synastrie und aus dem integrierten Horoskop ergeben ein vollständiges Bild der Beziehung. Sie zeigen uns, wie die Betroffenen die Beziehung wahrscheinlich erleben werden, und legen uns nahe, was wir den Klienten in einer astrologischen Beratung sagen können, damit sie sich und den Partner besser verstehen können; welche Illusionen oder Ansprüche sie im Interesse einer authentischeren Beziehung besser aufgeben sollten, um vom anderen nicht etwas zu erwarten oder zu verlangen, was dieser niemals geben kann, weil es seinem Wesen nicht entspricht.

Vierter Teil

Die Beziehung zwischen
Anais Nin und Henry Miller
aus astrologischer Sicht

Anais Nin und Henry Miller

Die Beziehung zwischen Anais Nin und Henry Miller soll als ein Beispiel dienen, an dem alle in den beiden ersten Teilen des Buches besprochenen Elemente nochmals aufgenommen und am konkreten Fall überprüft werden. Mit der Analyse der Persönlichkeiten der beiden Schriftsteller habe ich mich vor einigen Jahren über Wochen hinweg beschäftigt. Ich hatte die Tagebücher von Anais Nin gelesen und war zufällig auf ihr Horoskop gestoßen. Das Bild, das sich aus dem Horoskop ergab, entsprach genau dem Bild von ihrer Persönlichkeit, wie es aus ihren Tagebüchern hervorgeht.

Es ist höchst selten der Fall, daß die Beschreibung sämtlicher Charakterzüge aus der Biographie eines Menschen eine genaue astrologische Entsprechung finden – entweder, weil der Biograph die von ihm beschriebene Person nicht persönlich gekannt hat, oder weil diese nicht alle Eigenschaften des Geburtsbildes voll ausgelebt hat. Manche Persönlichkeitsanteile werden eben verdrängt oder unterdrückt.

Anais Nins Tagebuch hingegen entspricht voll und ganz ihrer astrologischen Persönlichkeit und entwirft ein getreues Bild von ihr. Sie selbst nannte es liebevoll »mein Spiegel«.

Nachdem ich drei Bände der Tagebücher gelesen hatte, begann ich, über diese Schriftstellerin zu schreiben. Ihre Modernität faszinierte mich: die Begebenheiten ihrer Jugend, ihre Anfänge als Schriftstellerin, die Entdeckung ihrer Sexualität mit Henry Miller. All dies geschah bereits in den dreißiger Jahren und scheint dabei noch so aktuell zu sein, als ob die Autorin der Zeit nach der »Emanzipationsbewegung« der 60er und 70er Jahre zuzuordnen sei.[1]

Anais Nin wurde am 21. Februar 1903 in Paris geboren. Ihre Eltern wünschten sich als erstes Kind einen Sohn: der Vater war sehr enttäuscht, als er von der Geburt des Mädchens erfuhr, und verließ wütend das Zimmer, in dem die Mutter mit dem Neugeborenen lag. Das Kind erhielt den Namen Anais. Dies ist der alte persische Name für die Göttin Venus. (Bei Anais steht die Sonne in den Fischen, einem Zeichen, in dem Venus erhöht ist, und der Aszendent fällt ins Waage-Zeichen, dem Domizil der Venus.)

Ihre Mutter Rosa war die Tochter eines dänischen Konsuls und hatte ihre Jugend in Havanna verbracht. Sie wollte Opernsängerin werden. Der Vater, Joaquin, war Spanier und ein bekannter Musiker.

Anais verbrachte ihre frühe Kindheit in Paris und in Spanien, bis der Vater die Familie verließ, um mit einer jungen Schülerin zusammenzuleben. Rosa sah sich gezwungen, mit ihren Kindern nach Amerika auszuwandern, wo ein Teil ihrer Ursprungsfamilie wohnte. Anais konnte während ihrer ganzen Kindheit weder Europa noch ihren Vater vergessen, den sie über alles liebte. Nach ihrer Heirat mit dem Bankier Hugo Guiler kehrte sie im Alter von dreiundzwanzig Jahren nach Paris zurück. Ihr Mann machte in der französischen Hauptstadt Karriere, so daß das Paar in finanziell gut gesicherten Verhältnissen leben und sogar mittellose Künstler unterstützen konnte.

Anais hatte es sich in den Kopf gesetzt, Schriftstellerin zu werden. Immer schon hatte sie mit Begeisterung an ihrem Tagebuch geschrieben und auch kurze Erzählungen und Gedichte verfaßt. Durch einen Essay über D. H. Lawrence erlangte sie unter den Pariser Künstlern – zu denen auch Henry Miller gehörte – einen gewissen Ruhm. Mit dreißig Jahren war Anais Nin eine wohlhabende Frau aus der vornehmen Pariser Gesellschaft, die sich langweilte und mit ihrer Rolle als reicher Bankiersehefrau unzufrieden war.

Sie wollte zu ihrem eigenen kreativen Ausdruck finden, die Künstler kennenlernen, die in den Armenvierteln lebten, und neue Erfahrungen in der Kunst und im Bereich ihrer Gefühle machen. In dieser Zeit lernte sie Henry Miller kennen. Er war damals ein unbekannter amerikanischer Schriftsteller proletarischer Herkunft, der ständig pleite war und das Geld zum Überleben auf verschiedenste Weise verdiente: als Gepäckträger, Totengräber, Stenotypist, Hilfsbibliothekar, Kellner oder Tellerwäscher. Er war der Sohn deutschstämmiger Einwanderer und hatte die Kindheit mit seiner Schwester in den Straßen von New York verbracht.

Anais und Henry fühlten sich durch ihre Verschiedenheit, ihr literarisches Talent und eine starke erotische Spannung unwiderstehlich zueinander hingezogen. In den Anfängen der 30er Jahre begann eine überwältigende Liebesgeschichte voller Leidenschaft, Sex und Literatur. Beide waren damals verheiratet – Anais mit Guiler und Henry mit June, einem Taxi-Girl. Beide hielten ihr Verhältnis geheim. Eine Zeit lang war Anais sehr von June fasziniert und stand in einer höchst ambivalenten Beziehung zu ihr, die zwischen Erotik und Rivalität hin- und herschwankte.

Anais Nin erlebte im Kontakt mit Henry Miller das Erwachen ihrer Gefühlswelt und ihre Geburt als Schriftstellerin. Ihre Beziehung dauerte etwa zehn Jahre, wobei andere Liebhaber nicht ausgeschlossen waren. Während des Krieges flüchteten beide nach Amerika. Anais ließ sich mit ihrem Mann in New York nieder, Miller in Kalifornien. Während dieser Zeit führten sie eine Brieffreundschaft. Henry Miller heiratete im Laufe der Jahre noch dreimal (insgesamt war er fünfmal verheiratet). Seine Ehen waren nicht besonders glücklich. Anais blieb immer mit Guiler verheiratet, hatte aber verschiedene Liebhaber. Die letzten dreißig Jahre ihres Lebens verbrachte sie sowohl mit ihrem Mann als auch mit einem um fünfzehn Jahre jüngeren Geliebten. In den 60er Jahren wurde sie zu einer Leitfigur der feministischen Befreiungsbewegung und gelangte zu literarischem Ruhm. Sie starb 1977, nach jahrelanger Krankheit, an Krebs.

Miller war bereits in den 50er Jahren als Schriftsteller berühmt geworden und verstarb 1980 im Alter von achtundachtzig Jahren als Autor von Weltruf.

Ihre Verschiedenheit bildete einen unvergleichlich starken Anziehungsfaktor zwischen ihnen: Anais Nin war zierlich und ätherisch (Sonne in den Fischen, Aszendent in der Waage), Henry Miller stark und ungestüm (Sonne im Steinbock, Aszendent im Widder). Sie war sensibel und kultiviert, er ungehobelt und respektlos. Sie lebte im goldenen Käfig der schönen Villa in Louvenciennes, umgeben von teuren und erlesenen Dingen (Sonne in Konjunktion zu Jupiter und Aszendent in der Waage), Miller hingegen in einer Mansarde im Arbeiterviertel Clichy. Seine ärmliche Kleidung war ungepflegt und oft geflickt. (Sonne im Quadrat zu Saturn, Neptun im 2. Haus.) Sie stammte aus einer wohlhabenden Familie und einem künstlerischen Umfeld (Sonne-Jupiter im 5. Haus, Venus im 6. Haus, dem Bereich des Alltäglichen), während er aus einer armen Handwerkerfamilie kam. Sein Ego hat zweifellos sehr unter seiner einfachen Herkunft gelitten (Sonne im Quadrat zu Saturn, dieser im 6. Haus).

In der Biographie über Anais Nin, verfaßt von Elisabeth Barillé, beschreibt Hugo Guiler die erste Begegnung seiner Frau mit Henry Miller in ihrem Haus in Louvenciennes. Guiler selbst hatte Miller mit einem gemeinsamen Freund zum Abendessen eingeladen:

>»Bei Tisch sitzt sie (Anais) mir in ihrem roten Samtkleid gegenüber, mit glühenden Wangen, und verschlingt diesen Kerl (Miller) mit den Augen. Was kann sie nur an ihm finden? Dick lallt betrunken. Miller wirkt noch nüchtern, obwohl er bereits zwei Flaschen geleert und zwei Portionen Braten mit Kartoffeln verdrückt hat. Er trinkt, wie er redet, wie er ißt, er ißt, wie er lebt – unmäßig!« (Im Horoskop Millers dominiert Jupiter, der Planet der Exzesse.)
>»Meine Frau hängt fasziniert an seinen fettglänzenden Lippen und scheint an diesem bebrillten, lachenden Faun einen Narren gefressen zu haben. –«[2]

Die Beschreibung der Umgebung, in der Anais in dem ersten von ihr selbst eingerichteten Appartement lebt, gibt ihren erlesenen Geschmack wieder und unterstreicht den Kontrast zur Persönlichkeit Millers, wie Guiler sie sah:

»Auf die Einladung von Mme. und M. Guiler begab sich Miralles (Flamencotänzer, bei dem Anais Nin Unterricht nahm) dann eines Abends an den Boulevard Suchet Nr. 47, zu einem kleinen Diner im engsten Kreise, wie auf der Karte vermerkt stand. Anais öffnete ihm die Tür, angetan mit ihrem schönsten Maya-Kleid. Miralles hätte sie am liebsten in die Arme geschlossen, doch der Anblick des großartigen Dekors hinter ihr schüchterte ihn ein. Noch nie hatte er sich in einem so luxuriösen Ambiente aufgehalten, und dazu von so verblüffend individueller Prägung... ein prachtvoller, türkis gekachelter Kamin, von saphirblauen Wänden umgeben, edles Mobiliar in maurischem Stil, mit Schildpatt und Perlmutter eingelegt, ein indischer Lampenschirm aus buntgemustertem Glas, tiefe Kanapees mit gestickten Seidenkissen, schimmernde Vorhänge, kostbare Perserteppiche, wie achtlos übereinandergelegt: man fühlte sich förmlich in Weichheit und Wollust versinken...«[3]

In beiden Beschreibungen regiert Jupiter. Dieser in beiden Horoskopen stark gestellte Planet (Miller: in Sextil zum Medium coeli, unterstützt durch Sonne im 9. Haus/Nin: in Konjunktion zur Sonne im 5. Haus) wirkte auslösend für die gegenseitige Anziehung und Bewunderung zwischen den beiden Menschen.

Seine Konjunktion mit der Sonne Anais Nins entspricht dem Bild des männlichen Archetyps in ihrer Seele, dem Mann mit den Jupiter-Eigenschaften. Damals war Henry Miller zwar nicht reich und berühmt, wie man aus Anais Nins Sonne-Jupiter-Konjunktion hätte schließen können, aber er besaß alle Eigenschaften, die den Herrscher seines Horoskops auszeichnen: Großzügigkeit. Zwar besaß er kaum Geld, aber wenn er einmal ein wenig davon hatte, gab er es großzügig aus. Er liebte das Übermaß in jeder Hinsicht. Wie Anais Nin verschlang er Bücher geradezu und hatte sich durch seine Lektüren eine vielseitige Bildung erworben. Seine Interessen erstreckten sich von der Literatur über Anthroposophie, Astrologie, Psychologie bis zu den schönen

Künsten und orientalischer Philosophie. Und er lebte intensiv – dies übte die größte Anziehungskraft auf Anais aus.

In ihrer Verschiedenheit waren sie einander auch sehr ähnlich: in ihren Geburtsbildern ist Merkur dominant; bei Miller steht er in Konjunktion zum Medium coeli, bei Nin in Trigon zum Aszendenten. Es verband sie nicht nur die Erotik, sondern vor allem auch der Intellekt. Ihre geistige Verwandtschaft hatte sie einander nahegebracht. Miller schrieb ihr einmal, sie sei die intelligenteste Frau, die er je gekannt habe. Sie führten einen frenetischen Briefwechsel, schrieben einander auch, wenn sie sich oft sahen, und im Anschluß an ihre Rendezvous. Ihre Korrespondenz war endlos: fröhliche, verrückte, befreite Briefe, oft zwanzig bis dreißig Seiten lang. Anais schreibt in ihrem privaten Tagebuch:»Die Länge seiner Briefe, von zwanzig bis dreißig Seiten, ist ein Symbol für seine Größe. Dieser Wortschwall reißt mich mit. Ich möchte nur noch Frau sein, keine Bücher mehr schreiben, mich nicht mehr direkt der Welt aussetzen, sondern wie durch eine literarische Bluttransfusion leben. Mich hinter Henry verstecken, ihn nähren. Mich ausruhen von Selbstbehauptung und Kreativität.«[4] Elisabeth Barillé schreibt in ihrer Biographie *Die maskierte Venus:*

»Ohne die Literatur wären diese beiden, die so grundverschiedenen Welten entstammen, sich niemals nähergekommen. Ohne diesen unerschöpflichen Strom von Worten, unablässig sprudelnd wie ein artesischer Brunnen, ohne jene kaum bezähmbare Ungeduld, endlich etwas zu veröffentlichen. Diese Schreibbesessenheit spiegelt sich in ihrer ausufernden Korrespondenz, in ihrer überschwenglichen Freude, im anderen jemanden gefunden zu haben, der ihr Talent zu würdigen versteht – und der die Überzeugung teilt, daß es ›im Menschen ein Gewaltpotential freizusetzen gilt, ohne daß seine schöpferischen Fähigkeiten verkümmern‹.«[5]

Nun zum Geburtshoroskop von *Henry Miller:*
Im Tagebuch beschreibt Anais Nin den Freund auf wider-

sprüchliche Weise. Die von ihr genannten Eigenschaften entsprechen dem astrologischen Charakter Millers: Brutal und leidenschaftlich (Aszendent im Widder, Sonne im Steinbock, Mond in Konjunktion zu Mars im Skorpion), innerlich gequält und heißblütig (Mond im Skorpion), sarkastisch und grausam, aber gleichzeitig sanft und verletzlich (Mond-Mars im Skorpion und die Sonne im Steinbock entsprechen der sarkastischen und grausamen Seite der Persönlichkeit, der dominante Mond und vier Planeten im Element Wasser stehen für Sanftheit und emotionale Verletzlichkeit), fleischlich und sinnlich (wieder die Konjunktion Mond-Mars im Skorpion, Pluto im 2. Haus).

»Ich kann Henry nicht sagen, daß er im Grunde ein sehr sinnlicher Mann ist und June daher braucht. Ein solcher Mann weckt auch sinnliche Liebe. Auch ich liebe ihn auf sinnliche Weise.« (Anais Nin in ihrem intimen Tagebuch)[6]

Wir wollen nun die Elemente des Horoskops untersuchen, die Auskunft geben über Millers Wünsche und Bedürfnisse, die von ihm ersehnte Beziehung und sein Bild von der idealen Partnerin:
Ein dominanter Mond im Skorpion und im Sextil zum Medium coeli deutet auf das ständige Bedürfnis hin, Begegnungen mit dem anderen Geschlecht mit Leidenschaft und Gefühl zu erleben. Es zieht ihn hin zu intensiven Beziehungen, zu abgrundtiefen Gefühlen, zu Verbindungen, die auch mit Qualen und Leiden verbunden sind, weil er ein unbewußtes Bedürfnis danach hat.
Der Astrologe Fulvio Mocco beschreibt diese Mondposition in seinem Buch »La Luna« folgendermaßen:

»Einerseits wird ein ungestümer und leidenschaftlicher Narzißmus sichtbar, der nur auf die körperliche Befriedigung ausgerichtet ist, auf die Entladung, die entleert und brandmarkt, auf das Drama, in dem man sich verzehrt und den anderen. Andererseits kann es auch zur Sublimierung oder völligen Unterdrückung des Instinktes kommen. Das

erotische Element steht immer im Vordergrund als beflü-
gelnde Kraft, an der man sich auch die Flügel verbrennt.«[7]

Die fünf Ehen Henry Millers waren Bühne solcher Leidenschaften und Qualen.

Uranus im 7. Haus, nicht weit entfernt von der Mondposition, bestätigt, daß der Schriftsteller ungewöhnliche Beziehungen zu originellen Menschen brauchte, die »anders«
waren: Anais, June und andere von ihm geliebte Frauen entsprechen diesem Typ. Aber auch die Prostituierten und
leichten Mädchen, mit denen er verkehrte, standen außerhalb der allgemeinen Norm. Venus im Steinbock, seinem
Sonnenzeichen, im Trigon zu Saturn weist aber auch auf ein
Bedürfnis nach Sicherheit und Stabilität in Liebesbeziehungen hin. Sicherlich hat Henry Miller gerade deshalb fünfmal
geheiratet.

Das Bild der Frau, wie es aus seinem Horoskop hervorgeht,
wird durch folgende Konstellationen bestimmt:
Mond im Skorpion, in Konjunktion zu Mars, im Trigon zu
Jupiter, im Sextil zu Merkur; Venus im Steinbock, im Trigon
zu Saturn im 10. Haus. Dies ist ein sehr widersprüchliches
Bild. Die Mondkonstellationen weisen auf eine sehr leidenschaftliche, sinnliche, großzügige und unkonventionelle
Frau hin, während die Venuskonstellationen das Bild einer
scheinbar kühlen und distanzierten Weiblichkeit entwerfen,
die wenig impulsiv und hingebungsvoll ist. Der Mond im
Sextil zu Merkur läßt darauf schließen, daß Henry Miller sich
von intelligenten Frauen angezogen fühlte. In Anais Nins
Horoskop ist Merkur dominant und gibt somit Aufschluß
über ihre lebhafte Intelligenz und ihren scharfen Verstand.
Miller war ja auch deshalb von ihr fasziniert: »Weißt Du,
Anais, ich habe noch nie eine Frau mit Verstand geliebt. Alle
waren mir unterlegen. Dich betrachte ich als mir ebenbür-
tig!«[8]

Millers Männlichkeit, die Art, wie er sein Mannsein lebte
und was er als Mann ausstrahlte, wird dargestellt durch die
Sonne im Steinbock, Mars im Skorpion, Aszendent im Widder und deren Konstellationen. Henry Miller stand gewisser-

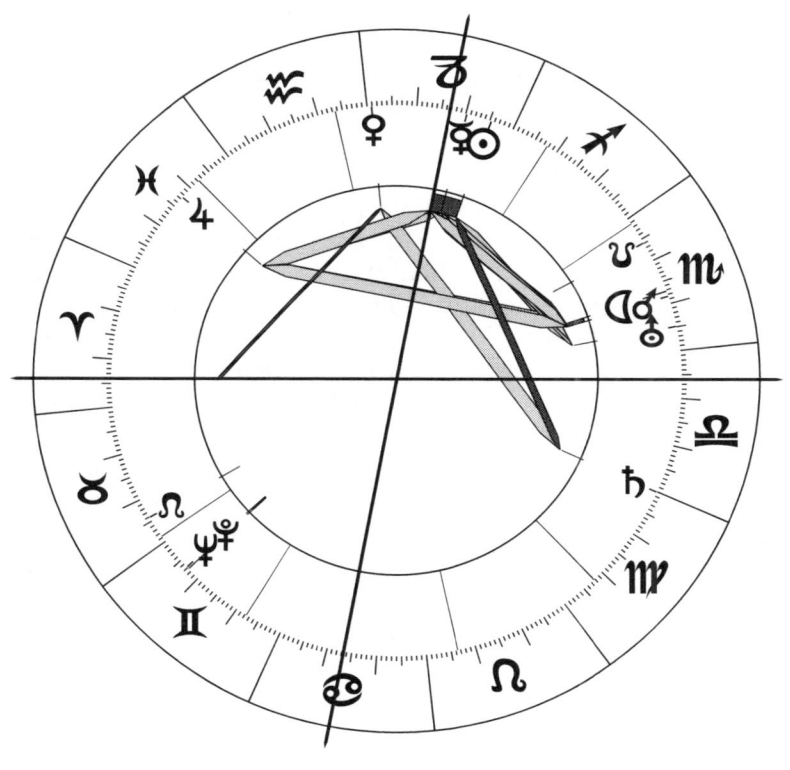

Radix

Henry Miller

maßen unter erotischer »Hochspannung« und war, wie alle Männer mit Mars im Skorpion, stolz auf seine sexuelle Potenz und Männlichkeit. Aufgrund der Position des Aszendenten im Widder und der Sonne im Steinbock hatte er eine sehr männliche und vitale Ausstrahlung. Er war ein großzügiger und genußfreudiger Liebhaber und liebte die Frauen so, wie er auch ein Glas Wein genoß. Sein Leben war von sexuellen Ausschweifungen begleitet, er liebte eine Frau und betrog sie gleichzeitig mit vielen anderen. Dieses Verhalten spiegelt sich im Trigon Mars-Jupiter wider. Die beiden Planeten beherrschen sein Horoskop und bilden ein Sextil zum Medium coeli. Das Quadrat der Sonne im Steinbock zu Saturn läßt vermuten, daß Miller trotz seiner ausgeprägten Sexualität und seiner zahllosen Abenteuer innerlich sehr unsicher war, was seine sexuelle Identität betraf.

Zum Abschluß möchte ich noch die Beziehung Henry Millers zu seiner Mutter erwähnen: Mond im Skorpion in Konjunktion zu Mars läßt auf emotionale Probleme schließen, auf Wut und Aggression gegenüber der Mutter und den Frauen im allgemeinen. Diese Konstellation beschreibt eine aggressive und tyrannische Mutter, die mit Gefühlen und Zärtlichkeiten geizte. Später, im Alter von fünfundsechzig Jahren, schrieb Miller, daß er beim Tod seiner Mutter keinen Schmerz, sondern nur Erleichterung verspürt hatte. – »Die Mutter, aus deren Lenden ich hervorgegangen war, blieb für mich ein völlig fremder Mensch«[9] (Konjunktion Mond-Uranus).

Die Konstellation Mond-Mars führte dazu, daß Miller in seinen Beziehungen zu Frauen sich immer rivalisierend verhielt.

Das Geburtshoroskop von Anais Nin

Dieses Horoskop wird von den Wasser- und Luftzeichen bestimmt. Ihre Persönlichkeit ist künstlerisch betont, von hoher Sensibilität und analytischer Begabung, bei großer Menschenkenntnis und Verständnis für die menschliche Seele. Anais Nin war großzügig – sie liebte Luxus und wertvolle

Dinge, konnte sich aber leicht davon trennen, wenn ein Freund oder Liebhaber Hilfe brauchte (Sonne in den Fischen, in Konjunktion zu Jupiter, im Trigon zu Neptun). In ihren Pariser Zeiten und auch später in Amerika war sie immer eine Beschützerin der mittellosen Künstler. In den Jahren der Beziehung zu Henry Miller unterstützte sie ihn mit beträchtlichen Summen, verkaufte sogar Kleider und Schmuck, um damit seine Bücher zu finanzieren. Häufig gab Miller dieses Geld dann auf seinen Streifzügen durch die Pariser Bordelle aus.

Ein Freund Anais Nins meinte, ihr Name passe sehr gut zu ihrer biegsamen Gestalt, der melodischen Stimme, dem rätselhaften Blick und ihrem kindlichen Aussehen, das gleichzeitig das Bild einer Hetäre wachrief (Sonne und Venus in den Fischen, Aszendent in der Waage).

Sie war eine ganz besondere Frau und paßte in kein Schema. Auch änderte sie immer wieder ihr Äußeres und ihr Verhalten und versetzte damit ihre Bekannten in Erstaunen. Ihre Biographin schreibt:

>Wo sie auftauchte, fiel sie aus dem Rahmen. Hier zu kultiviert, dort zu exzentrisch. Zu ernsthaft für Henry, zu unbekümmert für Hugo.«[10]

Venus, Mond, Aszendent und Sonne geben diese schillernde Weiblichkeit wieder: Sonne und Venus in den Fischen, Aszendent in der Waage, Mond in Konjunktion zu Uranus, in Opposition zu Neptun und im Quadrat zu Venus, Venus im Quadrat zu Uranus und Pluto. Sie wurde die »Frau mit den tausend Gesichtern« genannt. Sie wußte sich in jeder Situation zu helfen, mit diplomatischem Geschick, oder, wenn dieses nicht wirkte, auch mit Lügen. Ihre derart wandlungsfähige Weiblichkeit brauchte unterschiedliche Liebhaber, um zu ihrem Ausdruck zu finden. Dies ließ sie in die verschiedensten Rollen schlüpfen, um alle erotischen Möglichkeiten auszukosten.

Anais schreibt in ihrem intimen Tagebuch:

»Als ich 1921 noch mit Edoardo korrespondierte, war ich bereits in Hugo verliebt. Wenn Hugo wüßte, daß ich mich zu Romiro Collazo hingezogen fühlte, während wir uns Liebesbriefe schrieben... Wenn Henry wüßte, daß ich Allendys Küsse liebe, und wenn Allendy wüßte, wie sehr ich mich danach sehne, mit Henry zu leben...«[11]

Ich habe oft festgestellt, daß bei Frauen mit persönlichen Planeten in den Fischen, insbesondere bei Venus in diesem Zeichen, eine enorme Empfänglichkeit für erotische und sinnliche Schwingungen und für die Gefühle anderer vorhanden ist. Sie sind fähig, gleichzeitig mehrere Personen zu lieben, wobei Intensität und Art der Gefühle variieren können. Ihre Gefühlsdurchlässigkeit macht sie für Anima-Projektionen von Männern sehr geeignet. Liz Greene beschreibt in dem gemeinsam mit der Kartenleserin Juliet Sharmann-Burke verfaßten Buch *Das delphische Tarot* die Gestalt der trojanischen Helena mit Worten, die genau dem Archetyp der Fische-Frau entsprechen:

»Helena, die Königin der Kelche, ist mehr als ein Bild für verführerische weibliche Schönheit. Sie verkörpert die hypnotisierende Kraft der weiblichen Welt der Gefühle, eine Kraft, die magisch und magnetisch ist und die Grenzen der rein physikalischen Faßbarkeit überschreitet. Zahllose Männer warben um Helena, doch erfahren wir aus den Erzählungen nicht, was Helena selbst wollte oder was für eine Frau sie eigentlich war. Es ist, als ob sie selbst Wasser wäre und alle Männer in ihr die Spiegelung der Tiefe ihrer eigenen Seele sähen. Sie ist eine Sphinx, ein Geheimnis, von ihren eigenen verborgenen Zielen und Gefühlen motiviert. Man ist versucht, sie als Dirne zu betrachten, da sie so vielen Männern ihre Gunst schenkte, die manchmal sogar Feinde ihrer eigenen Heimat waren. Dennoch können wir nicht übersehen, daß Helena, wie leidenschaftlich sie auch sein mag, nicht tut, was sie nicht wirklich möchte. Selbst die Wahl ihres Gemahls ist eine freie Wahl, denn im Mythos gibt sie ihre Entscheidung für

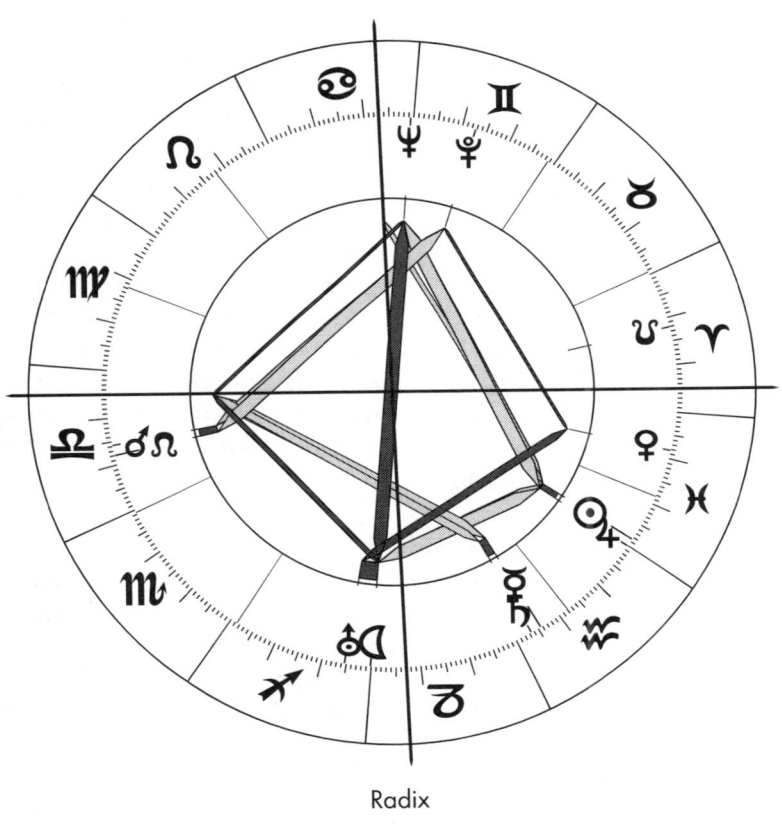

Radix

Anais Nin

Menelaos dadurch kund, daß sie einen Kranz auf sein Haupt setzt – in der damaligen Zeit ein sehr ungewöhnlicher Vorgang, da Frauen in der Regel gezwungen waren, denjenigen zu heiraten, den ihr Vater, ihre Brüder ausgewählt hatten. Als sie Menelaos' überdrüssig wird, tritt sie furchtlos für ihr großes Liebesabenteuer mit Paris ein, statt sich auf heimliche Begegnungen zu beschränken. Wen immer sie liebt, dem gibt sich Helena aus ganzem Herzen hin. Sie erobert Männer, ohne sich darum zu bemühen, denn sie ist die Verkörperung all der geheimen unbewußten Phantasien von der vollkommenen Frau, die die Männer zu allen Zeiten zu artikulieren versucht haben. Helena ist sowohl keusche Jungfrau als auch verworfene Hure, berechnender Vamp und Opfer zugleich. Sie ist, kurz gesagt, eine Anhäufung von Paradoxa, denn wenn sich auch an der Logik des Herzens nicht rütteln läßt, so entzieht sie sich doch der rationalen Analyse und schlägt nicht selten der Moral ins Gesicht.«[12]

Der Mond im Zeichen des kühlen Steinbocks in Konjunktion zum unruhigen Uranus und in Opposition zu Neptun, der sich jedem Zugriff entzieht, sowie Venus im Quadrat zu Uranus geben Anlaß zur Vermutung, daß diese Frau, die Gefühle so verherrlichen konnte, in ihrem Inneren jedoch distanziert und unerreichbar war und zeitweise unfähig, in die intimeren Bereiche ihrer eigenen Psyche vorzudringen oder in Harmonie mit ihren seelischen Bedürfnissen und Gefühlen zu leben. Darin ähnelt sie der »Schneekönigin« aus dem Märchen. Mond im Steinbock deutet auf ein Bedürfnis nach Konstanz und Sicherheit im Gefühlsbereich hin, doch seine Aspekte zu Uranus und Neptun drängen die Horoskopeignerin in ungewöhnliche Situationen, zum Wechsel, und lassen sie ein ruhiges Leben als zu langweilig empfinden.

Anais Nin ließ sich nie von Hugo Guiler scheiden, doch hatten die Eheleute einen Pakt geschlossen: Anais hatte ihren Mann gebeten, ihr drei Tage Freiheit in der Woche zu gewähren. Über diese drei Tage durfte er keine Fragen stellen. Guiler gab widerstrebend sein Wort darauf.

Das Quadrat zwischen Mond und Venus hatte in Anais Leben als Frau großes Gewicht: sie bekam keine Kinder und stand der Mutterschaft ablehnend gegenüber. Sie kompensierte dies durch ihre kreative Tätigkeit als Schriftstellerin (Mond im 3., Venus im 6. Haus). In ihrem Roman »Leitern ins Feuer« schreibt sie:

»Damals wußte ich nicht, daß ich es ablehnte, Mutter zu sein, eine Mutter von Kindern. Ich wollte die Mutter von Träumen und Kunstwerken sein. Die Mutter von Künstlern.«[13]

Das Bild dieser sehr komplexen Weiblichkeit wird erst vollständig durch die Analyse des Quadrats zwischen Venus und Pluto. In meinem Artikel in »*Meridian*« schrieb ich dazu:

»Venus im Quadrat zu Pluto erzeugt eine gewisse Ambivalenz im Sexualleben – das bestätigt sich bei Anais Nin durch die erotische Anziehung, die die Frau von Miller, June, auf sie ausübte. Daher auch ein gleichsam krankhaftes Interesse an der Sexualität, was vielleicht ein Grund für die Schriftstellerin war, Millers Angebot wahrzunehmen und an seiner Stelle das ›Delta der Venus‹ zu schreiben. Meiner Ansicht nach ist gerade dieser Aspekt gewissermaßen ein ›Mißton‹ in Anais Nins Horoskop. Venus in den Fischen, Aszendent Waage, Sonne-Jupiter, Mond im Steinbock, Merkur im Wassermann in Konjunktion zu Saturn und die verschiedenen Uranus-Aspekte schaffen Abstand zu allem, was zu körperlich oder auch zu vulgär ist.«[14]

Aber gerade dieser Aspekt band sie an den sinnlichen Miller und ließ sie in seiner Begleitung durch die Bordelle und Cabarets von Paris streifen.

Das 7. Haus in Anais Nins Horoskop befindet sich im Zeichen des Widders und enthält keine Planeten. Wir müssen uns daher mit der Position und den Aspekten des Planeten Mars befassen, um zu verstehen, welche Art von Beziehung zu ihrem Mann oder ihren Liebhabern Anais sich erträumte. Mars steht in der Waage im 1. Haus und bildet ein Trigon mit Pluto im 9. Haus. Auch Venus gibt Auskunft über die »ideale« Beziehung: sie steht in den Fischen im 6. Haus, im Quadrat zu Pluto. Diese Konstellationen beschreiben eine Beziehung, in der Leidenschaft und körperliche Liebe (Mars im Trigon zu Pluto, Venus im Quadrat zu Pluto, Mars im 1. Haus), Liebe zur Kunst oder gemeinsame künstlerische Tätigkeit (Mars in der Waage, Venus im 6. Haus) und Seelenverwandtschaft (Pluto im 9. Haus) die größte Rolle spielen. Das 7. Haus im Widder läßt annehmen, daß Anais sich gerne feurigen und temperamentvollen Partnern zuwandte, mit denen sie eine lebendige, bewegte und gleichberechtigte Beziehung ohne Zwänge eingehen konnte, um das Fehlen des Elementes Feuer in ihrem Geburtsbild auszugleichen.

Anais suchte als idealen Partner einen Mann, der auch ihr Lehrer sein sollte. Jemand, der ihren Geist stimulierte und ihr half, sich zu öffnen, der sie in die Geheimnisse des Lebens einführte und ihren Durst nach Wissen und Spiritualität stillen konnte: Die Sonne in Konjunktion zu Jupiter im 5. Haus, im Trigon zu Neptun und zum Medium coeli gibt dieses Bedürfnis wieder, während Mars in der Waage im ersten Haus und im Trigon zu Pluto diesem idealen Mann Charisma, Charme und Sex-Appeal verleiht und somit das Bild vervollständigt.

Schließlich wollen wir noch einen Blick auf die Gestalt des Vaters und Anais' Beziehung zu ihm werfen: Joaquin Nin verließ die Familie, als Anais noch klein war. Sie wuchs ohne den Vater auf, den sie über alles liebte (Saturn im 4. Haus). Diese Liebesbeziehung hatte nahezu inzestuöse Akzente, doch wurde während ihrer Kindheit die Zuneigung kaum erwidert. Joaquin war ein sehr anziehender und kultivierter Mann von unwiderstehlichem Charme, ein talentierter Musiker und Künstler. Er liebte den Luxus, war ein wenig versnobt und versuchte, nur die angenehmen Seiten des Lebens zu betrachten. Verantwortung lag ihm nicht, und er kümmerte sich immer nur sehr sporadisch um seine Familie und die Kinder. Die Konjunktion zwischen Sonne und Jupiter im

Trigon zu Neptun spiegelt diese allmächtige und sublimierte Vatergestalt wider. In ihrem Tagebuch erwähnt Anaïs Nin, daß sie ihrem Vater sehr ähnlich sei, gewissermaßen seine weibliche Kopie. Diese Identifikation mit ihrem Vater kommt durch die Dominanz der genannten Konstellationen im Geburtsbild zustande. Sie geben sowohl ihre eigene Persönlichkeit (Sonne – bewußte Persönlichkeit), als auch die des Vaters (Sonne als väterlicher Archetyp) und das Bild des idealen Partners wieder (Sonne als männlicher Archetyp).

Bevor wir nun die Aspekte in der Synastrie untersuchen, müssen wir nochmals unsere Aufmerksamkeit auf die Einzelhoroskope richten und die Liste der Gemeinsamkeiten, der ergänzenden Faktoren und Gegensätze erstellen. Zusätzlich sind noch die Aspekte und Positionen Saturns in den Geburtsbildern zu analysieren.

Gemeinsamkeiten

Anaïs Nin	Henry Miller
Mond Konjunktion Uranus	Mond Konjunktion Uranus
Merkur Trigon Aszendent	Merkur Konjunktion Medium coeli
Merkur Konjunktion Saturn	Merkur im Steinbock
Sonne Konjunktion Jupiter	Jupiter dominant
Mars Trigon Pluto	Mars im Skorpion
Mars in der Waage	Mars im 7. Haus
Mars im 1. Haus	Aszendent im Widder
Venus Quadrat Pluto	Mond im Skorpion
Mond im Steinbock	Venus Trigon Saturn
Mond im Steinbock	Sonne im Steinbock
Venus im 6. Haus	Venus im 10. Haus

Trotz ihrer unterschiedlichen Herkunft und des sehr verschiedenen Lebensstils gibt es zahlreiche astrologische Gemeinsamkeiten zwischen den beiden Partnern. Allein die Tatsache, daß der Mond des einen und die Sonne des anderen Partners sich im gleichen Zeichen befinden, stellt bereits einen starken Anziehungsfaktor dar. Manchmal reicht dieser allein schon aus, in zwei Menschen das Gefühl einer inneren Verwandtschaft zu wecken. Im Falle von Anais Nin und Henry Miller ist die astrologische Verwandtschaft stark ausgeprägt. Dies erklärt die gegenseitige Faszination vom ersten Augenblick an und die vielen glücklichen Stunden, die sie gemeinsam mit Liebe und Gesprächen verbrachten, in denen sie ihre Leidenschaften und Interessen miteinander teilten und einander neue Eindrücke und Ideen vermittelten.

Ergänzende Faktoren

Anais Nin	Henry Miller
Deszendent im Widder	Aszendent im Widder
Aszendent in der Waage	Deszendent in der Waage
Element Feuer schwach besetzt	Aszendent im Element Feuer
vier Planeten im Element Luft	Element Luft schwach besetzt
Element Erde schwach besetzt	vier Planeten im Element Erde

Auch ergänzende Faktoren sind in beachtlicher Anzahl vorhanden. Wie bereits im Kapitel über die Projektionen erwähnt, zeigt sich, daß ein schwach besetztes Element in der anderen Person gesucht wird: der zarten und ätherischen Anais fehlten physische Kraft und feuriges Temperament, ebenso die erdtypischen Eigenschaften wie Geduld und Beharrlichkeit. All dies suchte und fand sie in Henry Miller.

Anais hatte eine sehr schlechte Beziehung zu ihrem eigenen Körper, sie konnte ihn nicht akzeptieren und unterzog sich verschiedenen Schönheitsoperationen, um ihr Äußeres zu verbessern. Miller (mit vier Planeten im Element Erde) unterhielt zu seinem Körper und dessen Ansprüchen ein sehr gutes Verhältnis: er aß mit Appetit und sorgte großzügig für die Befriedigung seiner körperlichen Bedürfnisse. Das Fehlen des Elementes Luft in seinem Geburtsbild wird durch Merkur in kulminierender Position ausgeglichen. Die

Eigenschaften dieses bei Anais schwach besetzten Elementes waren in seinem Horoskop vorhanden und wurden daher von ihm selbst gelebt.

Gegensätze

Anais Nin	Henry Miller
Sonne Konjunktion Jupiter	Sonne Quadrat Saturn

Dies sind die einzigen gegensätzlichen Elemente, doch da es sich um Sonnenkonstellationen handelt, sind sie von großer Wichtigkeit und müssen entsprechend gewichtet werden. Sie stehen für völlig unvereinbare Werte. Im Falle von Miller und Nin erzeugt die unterschiedliche Herkunft diesen Kontrast. Für ein gemeinsames Leben wäre sie sicherlich ein Hindernis gewesen. Als Anais Henry kennenlernte, war sie an Prunk und Luxus gewöhnt. Henry lebte damals höchst eingeschränkt. Ein Zusammenleben kam für die beiden nicht in Frage, sie hätten ihre so unterschiedlichen Lebensgewohnheiten einander nicht anpassen können. Für Anais als Dame der reichen Bourgeoisie war es aufregend, einen »gewöhnlichen« Liebhaber zu haben – für Miller als hoffnungsvollen Schriftsteller war es reizvoll, sein ärmliches Lager mit einer Frau der vornehmen Gesellschaft zu teilen. Ein ständiges Zusammenleben hätte die Liebe zugrunde gerichtet.

Millers oft autobiographische Romane spielten in einer kargen Umgebung, in den Elendsvierteln der grauen amerikanischen Städte, deren Realität er erbarmungslos beschrieb. Anais hingegen schuf in ihren Erzählungen eine märchenhafte Atmosphäre, beschrieb ein elegantes und prächtiges Ambiente.

Anais war eine Idealistin, Miller eher ein Pessimist.

Saturn

Die Position Saturns im 6. Haus von Millers Horoskop zeigt uns, daß Henry trotz der finanziellen Schwierigkeiten, die er von Kindheit an kannte, dazu imstande war, seinen Alltag rational zu organisieren und zu strukturieren. Er arbeitete ohne Unterbrechung an seinen Romanen und blieb auch nach den anfänglichen Mißerfolgen hartnäckig. Arbeit war für ihn kein Problem – das beweisen die zahlreichen Berufe, die er ergriff, um seinen Lebensunterhalt zu verdienen. Er konnte die Ärmel hochkrempeln und zupacken, wenn er dadurch die Möglichkeit erhielt, weiter schreiben zu können. Das Quadrat zwischen Saturn und Sonne läßt auf einen vorsichtigen Charakter schließen, der zur Reflexion und Selbstanalyse neigt und – im Falle Millers mit Aszendent im Widder und Jupiter dominant – nur schwer jegliche Begrenzung seines Ichs und seines Willens akzeptieren kann. Betrachten wir die Saturnposition im 6. Haus im Quadrat zur Sonne in Hinblick auf seine Beziehungen, so kommen wir zu dem Schluß, daß eine solche Persönlichkeit die Verantwortung und Einschränkung im Alltag, die eine Ehe oder feste Beziehung mit sich bringt, kaum ertragen kann.

Anais Nin hat Saturn im 4. Haus in Konjunktion zu Merkur und im Trigon zum Aszendenten. Wie bereits erwähnt symbolisiert diese Saturnposition im Geburtsbild der Schriftstellerin das Fehlen des Vaters in ihrer Kindheit. Ihre Mutter bewies großen Mut, als sie mit den Kindern nach Übersee emigrierte und mit viel Unternehmungsgeist und Geschäftssinn in Manhattan ein Immobilienbüro eröffnete. Anais hat nie wirkliche Armut gekannt; die Mutter lebte in Würde und Anstand mit ihren Kindern, sorgte für ihren Unterhalt und ließ es ihnen an nichts fehlen. Trotz der materiellen Sicherheit hinterließ diese Saturnposition im Herzen von Anais eine Wunde. Das frühe Verlassenwerden durch den Vater führte dazu, daß sie mit Konflikten, Unsicherheiten und emotionalen Mangelerscheinungen aufwuchs. Sie hatte jedoch ihr Tagebuch, dem sie ihr Leid klagte (Merkur Konjunktion Saturn). Sie begann es im Alter von neun Jahren, als ihr Vater die Familie verließ. Was sie darin niederschrieb, war für sie wie ein heimliches Gespräch mit diesem Elternteil. Das Tagebuch kompensierte den Verlust des Vaters und ersetzte ihn (Saturn in Konjunktion zu Merkur im 4. Haus).

Für das Beziehungsleben kann Saturn im 4. Haus bedeuten, daß Anais in ihren Liebhabern eine Vaterfigur suchte. Die Beziehung zu den Psychoanalytikern Otto Rank und Allendy sowie zum um zwölf Jahre älteren Miller verstärken diesen Eindruck.

Partnervergleich (Synastrie) zwischen
Anais Nin und Henry Miller

In der Synastrie wird allen Aspekten zwischen gleichartigen Planeten, die sich im Vergleich der beiden Horoskope wiederholen, größte Bedeutung beigemessen. Damit möchte ich bei der Analyse der Beziehung von Henry Miller und Anais Nin beginnen.

Henrys Sonne befindet sich in Opposition zum Neptun von Anais, und Henrys Neptun steht im Quadrat zur Sonne seiner Freundin. Zusammen mit dem Trigon zwischen Millers Neptun und Nins Aszendenten vermitteln solche Aspekte den Liebenden das Gefühl, etwas Magisches zu erleben, als wären sie Gestalten in einem Märchen. Beide idealisierten ihre Liebe und die geliebte Person. Am Beginn ihrer Beziehung schrieb Miller einen Brief an Anais, in dem er sie gleichsam anbetet und zu ihr spricht, als würde er sie wie eine Göttin verehren:

»Ich fühle mich Dir nahe, eins mit Dir. Du bist mein, ob nun legal oder nicht. Jeder Tag, den ich warten muß, ist Qual. Ich zähle sie langsam, schmerzlich. Bitte, komm, sobald es geht. Ich brauche Dich. O Gott, ich will Dich in Louvenciennes sehen. Dich im goldenen Licht des Fensters sehen, in Deinem nilgrünen Kleid und mit bleichem Gesicht, eine gefrorene Blässe, wie am Abend des Konzertes.«[15]

Das folgende Zitat aus dem intimen Tagebuch von Anais unterstreicht nochmals die sublimierende Wirkung des Planeten Neptun in dieser Beziehung:

»Henry liebt mich, oh ja, ich bin seine Liebe. Ich habe alles bekommen, was ich von ihm bekommen konnte, die geheimsten Schichten seines Wesens, solche Worte, solche

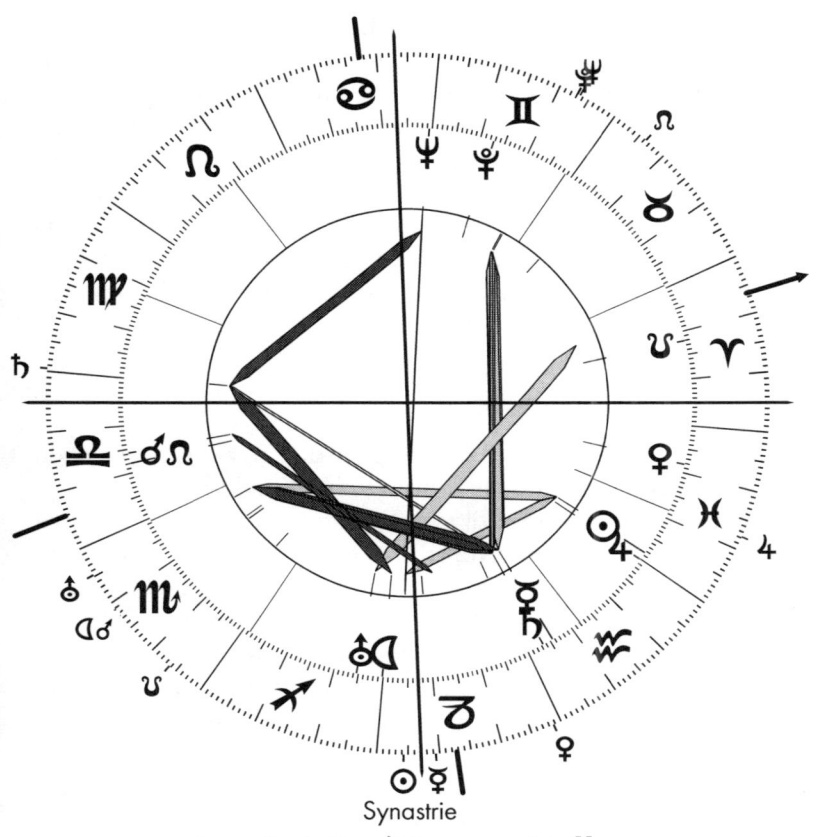

Synastrie

Anais Nin/Henry Miller

Gefühle, solche Blicke, solche Liebkosungen, jede nur für mich allein brennend. Ich habe ihn erlebt, wie er sich von meiner Sanftmut beruhigen ließ, wie meine Liebe ihn glücklich machte, leidenschaftlich, besitzergreifend, eifersüchtig. Ich bin an ihm gewachsen – nicht körperlich, sondern wie eine Vision. An welche Momente mit mir zusammen er sich am lebhaftesten erinnert? An den Nachmittag, als er in meinem Schlafzimmer auf der Couch lag, während ich mich für ein Dinner einkleidete, das dunkelgrüne, orientalische Kleid, mich parfümierte, und er überwältigt war von dem Gefühl, in einem Märchen zu leben, mit einem Schleier zwischen ihm und mir, der Prinzessin! Daran erinnert er sich, während ich warm in seinen Armen liege. Illusionen und Träume.«16

Sublimierung und Idealisierung in der Beziehung werden auch noch durch andere synastrische Aspekte betont:
Henrys Sonne im Sextil zum Jupiter von Anais; ihr Merkur im Trigon zu seinem Neptun, dieser wieder im Trigon zu ihrem Aszendenten; die Venus von Anais im 12. Haus ihres Geliebten – eine solche Beziehung hätte die tägliche Routine des Zusammenlebens nicht überlebt, wie wir bereits aus der Analyse der Einzelhoroskope und den Biographien der Betroffenen sehen konnten. Auch die Synastrie bestätigt uns, daß diese Liebe frei und ungebunden bleiben mußte, um nur von ihrer schönsten und aufregendsten Seite erlebt zu werden: Henrys Uranus im Sextil zu Anais' Mond (dieser Aspekt bedeutet unter anderem, daß Anais für Henrys schriftstellerische Tätigkeit die inspirierende Muse war); der gleiche Planet im Quadrat zum Merkur und zum Saturn von Anais, außerdem das unbesetzte 7. Haus des Partnervergleichs. Henry bat Anais mehrmals, ihn zu heiraten (wie das so seine Art war – wenn er eine Frau liebte, wollte er sie auch legal besitzen), doch sie lehnte ab: sie wollte nicht, daß der Traum kläglich zugrunde gehen sollte. Millers Sonne im 4. Haus von Anais zeigt uns, daß er ein Zusammenleben gewünscht hätte, aber ihre Sonne-Jupiter-Konjunktion im 11. Haus besagt,

daß sie nur eine wunderschöne, gefühlsbetonte Freundschaft mit ihm anstrebte.

Neben den bereits erwähnten, sich wiederholenden Konstellationen sind die folgenden synastrischen Aspekte in diesem Vergleich die wichtigsten: Die Konjunktion seiner Sonne mit ihrem Mond und das Sextil zwischen den beiden Sonnen. Auf die Aspekte zwischen Sonne und Mond in der Synastrie habe ich bereits im zweiten Teil des Buches hingewiesen; sie sind Indikatoren einer starken Anziehungskraft zwischen Mann und Frau, sie vermitteln das Gefühl, einander »endlich wiedergefunden zu haben«. Das Sextil zwischen Henrys und Anais' Sonne weist außerdem auf gegenseitige Toleranz und Achtung hin. Bei einem Paar, das Sexualität so vollständig und frei erlebt hat, ist es fast überraschend, im Partnervergleich auf ein Quadrat zwischen Millers Venus und dem Saturn von Anais zu stoßen. Aus ihrem Tagebuch geht aber hervor, daß sie immer Probleme gehabt hatte, zum Orgasmus zu kommen, und diese Schwierigkeiten gelegentlich auch mit Miller auftauchten.

Die vielfältigen Plutoaspekte weisen auf die starke erotische Anziehung hin, die seit dem ersten Zusammentreffen zwischen ihnen zu spüren war, und auf die Schicksalhaftigkeit der Begegnung: sein Pluto im Trigon zum Aszendenten, im Quadrat zur Sonne und im Trigon zu Merkur und zu Saturn von Anais.

Abschließend sind noch die Elemente der seelischen, körperlichen und intellektuellen Übereinstimmung aufzuführen. Im Falle von Henry Miller und Anais Nin ist das Bild auf allen drei Ebenen positiv.

Seelische Übereinstimmung
Sonne, Merkur und Venus von Miller im 4. Haus von Anais Nin. Für beide ist Wasser das vorherrschende Element. Der weibliche Mond befindet sich in Konjunktion zur männlichen Sonne.

Körperliche Übereinstimmung
Sextil zwischen beiden Sonnen, weiblicher Aszendent im Trigon zum männlichen Pluto, weiblicher Mond in Konjunktion zur männlichen Sonne, weibliche Venus und männlicher Mars im Element Wasser.

Geistige und intellektuelle Übereinstimmung
Pluto, Neptun und Medium coeli von Anais im 3. Haus von Henry, Mond und Uranus von Anais im 9. Haus von Henry, Merkur von Anais im Trigon zu Pluto und Neptun von Henry; Henrys Neptun und Pluto im 9. Haus von Anais.

Die dissonanten Aspekte zwischen ihrem Mond und seinem Saturn sowie seinem Pluto und ihrer Sonne verweisen auf unterschiedliche Einstellungen im Gefühlsbereich. Der erste Aspekt könnte für Millers Unfähigkeit stehen, während der Liebesbeziehung zu Anais auf seine Frau June zu verzichten. Indem er die Beziehungen zu beiden Frauen aufrechterhielt, gab er sich keiner ganz hin. Anais verschleierte zwar ihre Eifersucht, litt aber unter der Situation. Der Vergleich mit der üppigen Schönheit Junes machte sie unsicher und ließ sie ihre eigene Weiblichkeit abwerten. Millers Eifersucht der Geliebten gegenüber und ihre oft brutalen Liebesspiele werden durch das Quadrat zwischen seinem Pluto und ihrer Sonne ausgedrückt.

Das Composit-Horoskop

Das Composit oder»integrierte Horoskop« bestätigt größtenteils die Eindrücke, die wir aus der Analyse der Einzelhoroskope und aus dem Partnervergleich dieser beiden bekannten Künstler gewonnen haben. Die dominierende Stellung der Sonne in Konjunktion zum Deszendenten bedeutet, daß beide Partner ausgeprägte Persönlichkeiten waren. Bei diesem Paar gab es nicht einen starken und einen schwachen Teil, sondern beide waren von starkem Charakter. Es lebte nicht einer in Hinblick auf den anderen, sondern jeder konnte sich allein behaupten. Beide waren schriftstellerisch tätig, doch jeder schuf seine eigenen Geschichten, unterschied sich vom anderen durch seinen persönlichen Stil und seine Ideen.

Die Sonne im Quadrat zu Mars weist auf Rivalität im Schreiben hin – keiner wollte dem anderen nachstehen, beide fühlten sich durch die Konkurrenz angespornt, kreativ zu sein und ihren Stil zu vervollkommnen.

Die Stellung der Sonne im 7. Haus und von Mars im 4. Haus bestätigt nochmals, daß ein Zusammenleben von Anais Nin und Henry Miller nicht funktioniert hätte und der Reiz der Beziehung für die Partner gerade in der persönlichen Freiheit lag. Ein zusätzliches spannendes Element ergab sich daraus, daß Anais' Ehemann von dem Verhältnis nichts wußte und nichts erfahren sollte.

Der Mond im 5. Haus im Quadrat zu Jupiter weist wieder auf die Idealisierung hin, die für diese Beziehung so kennzeichnend war, sowie auf die gemeinsame künstlerische Arbeit.

Das Trigon vom Mond zum Medium coeli gibt zu verstehen, daß Gefühle und Sexualität mit der literarischen Arbeit verbunden wurden.

Der Mond im 5. Haus in Konjunktion zu Uranus zeigt uns die Freude und innere Verbundenheit der beiden an, wenn sie gemeinsam ausgingen, Pariser Cafés, Variétés und Bordelle besuchten oder in Henrys Mansarde stundenlang mit Freunden diskutierten und Rotwein tranken.

Die Konjunktionen Mond-Saturn und Mond-Uranus bestätigen, was bereits aus der Synastrie hervorging: zwar verbanden starke Gefühle und eine innere Verwandtschaft die zwei Menschen, doch waren sie beide verheiratet und pflegten auch andere Freundschaften, so daß sie in ihren Gefühlen einander nie ganz und ausschließlich gehörten.

Das Stellium im 5. Haus und die Konstellationen von Mond, Uranus und Saturn geben wie bei Simone de Beauvoir und Jean-Paul Sartre zu verstehen, daß für die beiden Schriftsteller die gemeinsam erarbeiteten Ideen an die Stelle von gemeinsamen Kindern traten. Während der Beziehung brachte Anais Nin ein totes Kind zur Welt. Ihre Biographin Elisabeth Barillé bezeichnet Henry Miller als dessen Vater.

Alle drei Planeten im 5. Haus stehen im Trigon zum Aszendenten im Löwen – darauf ist der starke Eindruck zurückzuführen, den Anais und Henry als Paar bei anderen Menschen hinterließen.

Merkur steht isoliert im 6. Haus. Diese Position symbolisiert nochmals die literarische Tätigkeit der beiden Partner und ihre Unduldsamkeit den alltäglichen Pflichten gegenüber.

Venus im 8. Haus im Trigon zu Mars steht für die tiefgehenden sexuellen Erfahrungen, die das Paar miteinander machte, für die starke Anziehung zwischen ihnen und die Verschmelzung von Leib und Seele. Auch Jupiter befindet sich im 8. Haus und bildet ein Quadrat zum Mond im 5. Haus. Diese Konstellation spiegelt die Neigung zu sexuellen Ausschweifungen wider, die für die Beziehung kennzeichnend war.

Die Konjunktion von Neptun und Pluto im 11. Haus zeigt die Tiefe der Freundschaft an, die über die Liebesbeziehung hinaus andauerte, die gemeinsamen Ideale, die Seelenverwandtschaft sowie den großen Freundeskreis aus Künstlern und anderen Persönlichkeiten, mit dem sie sich umgaben.

Composit
Anais Nin/Henry Miller

Saturn im 5. Haus im Trigon zum Medium coeli verlieh ihnen die erforderliche Energie und Beharrlichkeit, um gemeinsam eindrucksvolle Literatur zu schaffen. Die dominierende Stellung Saturns schuf außerdem für diese Liebesbeziehung die Voraussetzung, den langen Zeitraum von zehn Jahren zu überdauern. Saturn steht auch für Miller selbst als zwölf Jahre älteren Partner, der bereits viele Erfahrungen hinter sich hatte.

Ich habe auch die Transite zum Composit im Juli 1941 untersucht, als die Liebesgeschichte zu Ende ging. Anais hatte einen neuen Liebhaber und bereitete sich mit ihm und ihrem Mann auf die Überfahrt nach Amerika vor. Henry Miller begab sich zu Freunden nach Kreta und sollte dort die Zeit des Zweiten Weltkrieges verbringen:

Jupiter im Transit im Quadrat zum Composit-Jupiter
Saturn im Transit im Quadrat zur Composit-Venus
Uranus im Transit im Quadrat zur Composit-Venus
Pluto (Planet von Ende und Neubeginn) im Transit
über den Composit-Aszendenten und in Opposition
zur Composit-Sonne

Solche Transite im Beziehungshoroskop tragen dazu bei, daß die Partner sich mit dem Ende und einem neuen Anfang auseinandersetzen. Manchmal führt dies zu einer Neugestaltung der Beziehung, die konstruktiver und authentischer wird; dem geht jedoch immer eine große Krise voraus. In anderen Fällen kann es zu einer Trennung kommen. Bei Anais Nin und Henry Miller kam es zum Ende des Liebesverhältnisses, da die Beziehung sich erschöpft hatte und neue Partner in Sicht waren.

Im vorliegenden Fall haben Einzelhoroskope, Synastrie und Composit nahezu identische Informationen geliefert. Häufig jedoch ist das Gegenteil der Fall, und der Astrologe muß durch ein langes Gespräch mit den Horoskopeignern versuchen, sich ein genaues Bild vom wirklichen Charakter der Beziehung zu machen, um dadurch Klarheit zu gewinnen.

Wir dürfen nie vergessen, daß der persönliche Kontakt mit dem Klienten für eine astrologische Interpretation der Horoskope von höchster Bedeutung ist. Ein Horoskop ist wie ein Kleidungsstück aus der Werkstatt eines tüchtigen Schneiders: vor der Auslieferung des fertiggestellten Stückes muß der Schneider noch eine Anprobe am Kunden durchführen und letzte Anpassungsarbeiten vornehmen. Erst dann sitzt es wie angegossen, so wie auch das Horoskop erst nach einem Gespräch exakte und dem Ratsuchenden nützliche Informationen liefern wird.

Anmerkungen

Erster Teil

1. Schellenbaum, Peter: *Das Nein in der Liebe*, DTV München 1987, S. 10.
2. Livaldi Laun, Lianella: *Frauen, die zu sehr lieben*, Meridian – Fachzeitschrift für alle Gebiete der Astrologie, 5/88, S. 37.
3. Norwood, Robin: *Wenn Frauen zu sehr lieben. Die heimliche Sucht, gebraucht zu werden*, Rowohlt, Hamburg 1987.
4. Meyer, Herrmann: *Astrologie und Psychologie*, Rororo TB, Hamburg 1986, S. 193.
5. Weiss, Claude, und Bachmann, Verena: *Seminar: Familienstruktur im Horoskop*, Interlaken, Mai 1990.
6. Niehenke, Peter: *Seminar: Partnerschaftsastrologie*, VHS Freiburg, Herbst 1987.
7. Kast, Verena: *Paare*, Kreuz Verlag, Stuttgart 1984, S. 24.
8. Fromm, Erich: *Die Kunst des Liebens*, Ullstein, Berlin 1978, S. 40.
9. Calvino, Italo: *Fiabe italiane*, Oscar Mondadori, Milano 1981, Buch I, S. 174. Deutsche Übersetzung des italienischen Originalzitats.
10. Greene, Liz, und Sharman-Bourke, Juliet: *Delphisches Tarot*, Kailash, München 1988, S. 74.
11. siehe 10., S. 102.
12. Arroyo, Stephen: *Astrologie, Karma und Transformation*, Kailash, München 1980, S. 192.
13. Niehenke, Peter: *Seminar: Partnerschaftsastrologie*, VHS Freiburg, Herbst 1987.

Zweiter Teil

1. Arroyo, Stephen: *Astrologie und Partnerschaft,* Kailash, München 1979, S. 105.
2. Livaldi Laun, Lianella: *»Partnerschaftsastrologie«,* in: Meridian – Fachzeitschrift für alle Gebiete der Astrologie, 3/91, S. 24.
3. Greene, Liz: *Saturn,* Kailash, München 1976.
4. Wientle, Prier: *Il grande malefico* (Der große Übeltäter), Linguaggio Astrale, Nr. 86, 1992, S. 135.

Dritter Teil

1. Eigene Einsicht der Autorin.
2. Cunningham, Donna: *Erkennen und Heilen von Pluto-Problemen,* Urania Blaue Reihe, Sauerlach 1987, S 200.
3. siehe 2., S. 202.
4. Hand, Robert: *Planeten im Composit,* Papyrus Extra, Hamburg 1982.
5. siehe 4., S. 40.
6. siehe 4., S. 40.
7. siehe 4., S. 40.
8. French, Marilyn: *Das blutende Herz,* Rowohlt TB, Hamburg 1983, S. 80.
9. Bertone, Tiziana: *Der Weg zum 7. Haus,* in: Meridian – Fachzeitschrift für alle Gebiete der Astrologie, 3/91, S. 20–24.
10. siehe 9.

Vierter Teil

1. Nin, Anais: *Tagebücher,* DTV, München 1971.
2. Barille, Elisabeth: *Die maskierte Venus,* Albrecht Knaus Verlag, München 1992, S. 100.
3. siehe 2., S. 89.
4. Nin, Anais: *Henry e June,* Bompiani, Milano 1987, S. 212. Deutsche Übersetzung des italienischen Originalzitats.

5. siehe 2., S. 117.
6. siehe 2., S. 132.
7. Mocco, Fulvio: *La Luna*, Edizioni Capone, Torino 1990, S. 34. Deutsche Übersetzung des italienischen Originalzitats.
8. siehe 2., S. 81.
9. Schmiele, Walter: *Henry Miller*, Rowohlt TB, Reinbek bei Hamburg 1961, S. 30.
10. siehe 2.
11. siehe 4., S. 253. Deutsche Übersetzung des italienischen Originalzitats.
12. Greene, Liz, und Sharman-Bourke, Juliet: *Delphisches Tarot*, Kailash, München 1988, S. 130.
13. siehe 2., S. 121.
14. Livaldi Laun, Lianella: »*Anais Nin*«, in: Meridian – Fachzeitschrift für alle Gebiete der Astrologie, 2/90, S. 23.
15. siehe 4., S. 211. Deutsche Übersetzung des italienischen Originalzitats.
16. siehe 4., S. 198. Deutsche Übersetzung des italienischen Originalzitats.

Bibliographie

Arroyo, Stephen: *Astrologie und Partnerschaft*, Kailash, München 1979.

Arroyo, Stephen: *Astrologie, Karma und Transformation*, Kailash, München 1980.

Barille, Elisabeth: *Die maskierte Venus*, Albrecht Knaus Verlag, München 1992.

Calvino, Italo: *Fiabe italiane*, Oscar Mondadori, Milano 1981.

Cunningham, Donna: *Erkennen und Heilen von Pluto-Problemen*, Urania Blaue Reihe, Sauerlach 1987.

Ferguson, Robert: *Henry Miller, ein Leben ohne Tabus*, Kindler, München 1991.

Fromm, Erich: *Die Kunst des Liebens*, Ullstein Buch, Berlin 1978.

Greene, Liz: *Saturn*, Kailash, München 1976.

Greene, Liz: *Kosmos und Seele*, Krüger, Frankfurt am Main 1978.

Greene, Liz, und Sharman-Bourke, Juliet: *Delphisches Tarot*, Kailash, München 1988.

Kast, Verena: *Paare*, Kreuz, Stuttgart 1984.

Meyer, Herrmann: *Astrologie und Psychologie*, Rororo TB, Hamburg 1986.

Mocco, Fulvio: *La Luna*, Edizione Capone, Torino 1990.

Neuer Berlin Kunstverein: *Androgyn*, Dietrich Reimer Verlag, Berlin 1987.

Nin, Anais: *Tagebücher*, DTV, München 1971.

Nin, Anais: *Henry e June*, Bompiani, Milano 1987.

Norwood, Robin: *Wenn Frauen zu sehr lieben. Die heimliche Sucht, gebraucht zu werden*, Rowohlt, Hamburg 1987.

Pollack, Rachel: *Tarot*, Knaur TB, München 1985.

Sargent, Lois: *Partnerschaftsastrologie*, Knaur TB, München 1988.

Schäfer, Thomas: *Astrologische Charakterskizzen*, Pfeiffer, München 1988.

Schellenbaum, Peter: *Das Nein in der Liebe*, DTV, München 1987.

Tietze, Henry G.: *Meine Lügen − deine Lügen*, Kabel Verlag, Hamburg 1989.

Ebertin Verlag · Freiburg im Breisgau

Marion D. March und Joan McEvers

Lehrbuch der astrologischen Prognose
Progressionen – Direktionen – Solare – Lunare – Transite

360 S. mit 46 Horoskopzeichnungen; kartoniert
ISBN 3-87186-073-5

Dieses Buch entspricht einem Bewußtseinswandel in der Astrologie. Die beiden Autorinnen befreien die Astrologie vom schicksalhaften Determinismus früherer Zeiten und bieten Hilfestellung beim Erkennen zukünftiger Trends. Was soll in der Zukunft passieren? Wie kann ich mein Potential im Einklang mit den kosmischen Zyklen zur Entfaltung bringen? Welche Chancen gilt es zu nutzen? Welchen Herausforderungen soll ich mich stellen?
Dieses Lehrbuch bietet eine fundierte Einführung in alle relevanten Methoden und Techniken der astrolgogischen Prognostik. Mit Spannung wird der Leser die Anwendung der astrologischen Vorhersage an den aufgeführten Beispielhoroskopen berühmter Persönlichkeiten nachvollziehen, um das daraus gewonnene Wissen sogleich am eigenen Horoskop anzuwenden. Selbst komplizierte Methoden werden leicht verständlich an einprägsamen Beispielen dargestellt.
Dieses Buch ist aus der Unterrichtspraxis heraus entstanden und kann auch von Lehrern und Ausbildern für ihren Unterricht benutzt werden. Die zeitgemäße Darstellung aller relevanten Techniken der astrologischen Prognose ist einmalig und schließt eine Lücke innerhalb der astrologischen Fachliteratur.

Ebertin Verlag · Freiburg im Breisgau